Bornholm

Jakob Hansen

W0011488

GU
GRÄFE
UND
UNZER

Dänemarks Postboten tragen rote Jacketts – natürlich auch auf Bornholm

INHALT

Willkommen auf Bornholm

Bornholm erleben

Sehenswerte Orte und Ausflugsziele

Routen und Touren

Wichtige Informationen

Karten und Pläne
Bornholm: Klappe vorne; **Rønne:** Klappe hinten; **Neksø:** Umschlag Rückseite; **Christiansø und Frederiksø:** S. 44; **Gudhjem:** S. 48; **Svaneke:** S. 92; **Åkirkeby:** S. 98; **Um die Nordspitze Bornholms:** S. 107; **Almindingens Höhepunkte:** S. 109

Vier Rundkirchen, eine imposante Burgruine, unendlich lange Sandstrände und eine einzigartige Natur auf einer überschaubaren Insel – Bornholm!

Gerade erst hat das Fährschiff den Hafen der südschwedischen Stadt Ystad verlassen, da erhebt sich schon ein aufgeregtes Kindergeschrei: »Wir sehen Bornholm, wir sehen Bornholm! Land in Sicht!« Und obwohl das eigentlich noch nicht möglich ist, strecken auch viele Erwachsene neugierig ihren Kopf über die Reling. Noch ist Bornholm aber nicht in Sicht.

Nach einer guten Stunde wird die Unruhe erkennbar größer. Land in Sicht? Fürwahr meint jetzt ein jeder, am Horizont bereits Umrisse zu erkennen. Und irgendwann verschwimmt dann auch die Grenze zwischen Einbildung und Realität. Bornholm wird erkennbar. Zuerst der felsige Norden mit der Burgruine Hammershus, bald die Stadt Hasle und dann Rønne, Hauptstadt und Ziel.

Die Fragen in den Köpfen der Ankommenden gleichen sich. Was erwartet mich, werde ich von der Insel genauso fasziniert sein wie mein Nachbar, fragt sich der Erst-Bornholmer. Was wird sich in der Zwischenzeit verän-

Der Marktplatz von Svaneke ist einer der schönsten der Insel

dert haben, wird es genauso schön wie die letzten Male, fragt sich der Alt-Bornholmer.

Mit ziemlicher Sicherheit wird am Ende aus dem Neu-Bornholmer ein Alt-Bornholmer werden, die Zahl der Einmal-Bornholmer ist und bleibt klein. Warum? Was macht den Charme, den Reiz der Insel aus? Weshalb die Treue zur selbsternannten »Sonnenschein-insel«?

Ein Stück Dänemark fernab vom Mutterland

Bis zur schwedischen Küste sind es nur 40 Kilometer, bis zur polnischen 90 Kilometer, hingegen bis zum nächsten Zipfel Dänemark, nämlich Møn, 135 Kilometer.

Doch Versuche, Bornholm vom Mutterland zu trennen, sind noch keinem gut bekommen. Die Wenden heerten hier, später pachteten die Lübecker die Insel, bald nahmen die Schweden sie in Besitz, später kam die englische Marine, in diesem Jahrhundert okkupierten die Deutschen das Eiland, die Russen bombardierten und befreiten es, blieben aber danach auch ein Jahr.

Dennoch – Bornholm war immer eine dänische Insel. Aus dem Mecklenburgischen stammt die Sage von der Entstehung Bornholms. Ein Segelschiff fuhr über die Ostsee und geriet dabei in schwere See. Der Kapitän befahl, allen Ballast abzuwerfen. Und so warf die Besatzung den Müll, der sich auf dem Schiff angesammelt hatte, über Bord. Bornholm war entstanden.

Volkstanzpaar
im Museum Melstedgård

Gestritten wird nach wie vor über die Entstehung des Inselnamens. Bereits bei dem englischen Reisenden Wulfstan ist 805 von **Burgendaland** die Rede. Später von **Borgundarholm**, dann von **Borringholm**. Erklärungen für diesen Namen gibt es viele. So meint man, daß sich der Name auf die Burgunder bezieht, die zu Beginn unserer Zeitrechnung hier wohnten. Eine andere Interpretation deutet den Namen eher als »Insel Borgund«.

Nach der Wikingerzeit teilen sich Kirche und Krone zunächst die Herrschaft über die dänische Insel. Als Zeichen der Macht läßt der Lunder Erzbischof **Jakob Erlandsen** 1255 die **Burg Hammershus** im Norden der Insel errichten. Die heute südschwedischen Provinzen Skåne, Halland

WILLKOMMEN AUF BORNHOLM

Die Helligdomsklipperne bei Gudhjem

und Blekinge gehören damals noch zu Dänemark. Das weltliche Gegenstück, die **Lilleborg** im Wald Almindingen, läßt er 1259 vernichten.

In den Folgejahren ist Hammershus immer der Schlüssel zur Macht über die Insel. Und die Insel war heftig umkämpft. Plünderer aus aller Herren Länder suchen Bornholm heim. Die Bevölkerung flieht u.a. in die heutigen **Rundkirchen**, die ursprünglich als Festungstürme entstanden waren.

Nächstes entscheidendes Datum ist dann 1525. Die Macht der Hanse in der Ostsee war erdrückend geworden, Dänemark zugleich durch Kriegsbeteiligungen hoffnungslos verschuldet. Die Lübecker helfen dem auch militärisch bedrängten König Fre-

derik I. Zum Dank erhalten sie Bornholm für 50 Jahre zur Pacht.

Natürlich beuten auch sie die Insel aus. Nur der Statthalter **Schweder Kettingk**, dessen Grabplatte heute im Dom von Åkirkeby steht, bleibt in positiver Erinnerung. Immerhin wird unter seiner Regie auch die stark ruinierte Burg Hammershus wieder renoviert, man erkennt das noch heute an den auf die Feldsteine aufgesetzten Ziegelsteinen.

Das Ringen um Hammershus

Zentrales Datum der Bornholmer Geschichte ist 1658. Ein Jahr zuvor hat König Frederik III. einen Krieg gegen Schweden begonnen und ihn verloren. Dänemark büßt u.a. seine östlichen Provinzen Skåne, Halland und Blekinge sowie Bornholm ein.

Doch die Beteiligten haben die Rechnung ohne die Bornholmer gemacht. Die nämlich wollen nicht unter die schwedische Krone kommen. Folglich werden im Hasler Rathaus Verschwörungspläne geschmiedet. Man will den schwedischen Kommandanten Printzenskjöld kidnappen und die Schweden so zum Abzug zwingen.

Unter der Führung von Pfarrer Povl Ancher, dem Aristokraten Jens Kofoed und Bürgermeister Peder Olsen greift man sich den Kommandanten in der Rønner Storegade. Doch der Kommandant versucht angeblich zu fliehen und wird, wie sein Hund, erschossen. Die Stelle ist heute noch auf der Straße markiert.

Der Plan droht zu scheitern, denn noch sitzen die schwedischen Truppen auf Hammershus. Folglich zieht einer der Aufständischen die Kleidung des Kommandanten an, wird vor die Burg geführt und fordert »seine« Truppen zur Kapitulation auf. Diese folgen der Aufforderung, werden gefangengenommen und von der Insel gejagt. Im Winter 1659 fährt eine Bornholmer Delegation zum König nach Kopenhagen und gibt ihm die Insel zurück. Nicht ohne noch einige Privilegien, steuerliche Zugeständnisse und das Versprechen, die Insel nie wieder zu verpachten, abzufordern. Die Bedeutung dieses Aufstandes für das Bornholmer Bewußtsein unterstreicht, daß die drei Schiffe von Bornholmstraffikken nach den Rädelsführern benannt sind.

Bereits zwei Jahre später spielt sich auf Hammershus erneut ein Drama ab. Leonora Christina, Tochter des 1648 verstorbenen Königs Christian IV., und ihr Mann Corfitz Ulfeldt sitzen hier im Burggefängnis. Ulfeldt hatte gegen den dänischen König Frederik III. gearbeitet, mußte zum Erzfeind Schweden fliehen, fiel dort bald in Ungnade und kehrte zurück nach Dänemark, wo man das Ehepaar auf Hammershus einkerkerte.

Dennoch gelingt ihnen die Flucht, allerdings nur bis Sandvig, wo sie erkannt und erneut gefangengenommen werden. Ulfeldt stirbt 1664 während einer Rheinreise, seine Frau sitzt insgesamt 22 Jahre in Haft in Kopenhagen.

Mitte des 18. Jahrhunderts verläßt das Militär Hammershus. Die Bornholmer nutzen die Burg als Steinbruch, so manches Haus auf der Insel ist noch aus Hammershussteinen gebaut. Erst 1822 wurde die Burg unter Denkmalschutz gestellt.

Für die nächsten Besatzer war Hammershus auch nicht mehr von strategischer Bedeutung. Die Deutschen waren am 9. Mai 1940 in Dänemark einmarschiert, einen Tag später auch auf Bornholm. Eine Zeit beginnt, in der man den schier übermächtigen Besatzer dulden muß und dennoch Sabotage und Widerstand im kleinen versucht. Aufatmen dann zunächst am 4. Mai 1945, als die deutschen Truppen in Dänemark kapitulieren. Doch nicht so der deutsche Kommandant auf Bornholm, von Kamptz. Er will die Insel nicht den Russen übergeben, läßt deren Ultimatum verstreichen. Am 7. und 8. Mai werden deshalb Rønne und Neksø von russischen Flugzeugen bombardiert und erheblich zerstört.

Erst am 9. Mai wird auch auf Bornholm die Kapitulation verkündet. Die Russen übernehmen die Insel. Allerdings nur bis zum 5. April 1946, dann ist die Insel wieder vollständig dänisch.

Viel Geschichte, gewiß. Doch ohne sie ist gerade Bornholm, sind gerade die Bornholmer nicht zu verstehen. Offene, freundliche und bodenständige Menschen, im Zweifelsfall konservativ. Und immer souverän. Fremdbestimmung ist ihnen zuwider. Man ist dänisch, doch es ist gewiß kein Nachteil, daß das Mutterland sechs Fährstunden entfernt ist. Man freut sich über die Gäste aus Schweden, Norwegen, Deutschland und den Niederlanden. Aber man wird ihnen zuliebe keine Verrenkungen machen, nicht die Insel deren Wünschen anpassen. Es ist gut, wenn sie kommen, schön wenn sie da sind, aber auch erfreulich, daß sie in absehbarer Zeit wieder fahren. Die Bornholmer verlangen von den Besuchern Respekt. Respekt vor ihnen selbst, die hier ihrem Broterwerb nachgehen müssen. Und Respekt vor der Insel. So wie sie ihn auch pflegen.

Zu dem Sie manchmal aber auch gezwungen werden. Von den Unterirdischen (de underjordiske) nämlich. Die bekommt man natürlich nie zu sehen, dennoch regieren sie auf der Insel mit. So paßte ihnen beispielsweise nicht die Stelle, an der Hammershus errichtet werden sollte. Sie verschoben nachts den Bauplatz. Zwar verlegten ihn die Bornholmer wieder an die alte Stelle, doch die Unterirdischen blieben hartnäckig. Als ein besonders schlauer Bornholmer sie dann nachts beobachten wollte, fand man ihn am nächsten Tag eingemauert.

Aber sie helfen auch im positiven Sinne. Als die Schweden einst kurz davor waren, Bornholm einzunehmen, kam plötzlich Kanonendonner aus nicht sichtbaren Kanonen. Die Unterirdischen verteidigten ihre Insel, und die Schweden haben sich seitdem nie wieder in feindlicher Absicht der Insel genähert.

Nur einer hat sich ihnen entgegengestellt, **Bonavedde**, Sohn eines Bauern und einer Meerjungfrau. Er kann die Unterirdischen nämlich erkennen und ist ihnen deshalb besonders verhaßt. So boten sie ihm einst ein Getränk an. Er ahnte die Gefahr, goß das Getränk über die Schulter, der Schweif seines Pferdes verbrannte! Blitzschnell ritt Bonavedde davon.

Insel der Künstler

Das (touristische) Kapital der Insel ist die Natur. Eine Natur, die auch immer wieder Künstler inspiriert hat. **Martin Andersen Nexø** ist der berühmteste unter ihnen. Er kam als Achtjähriger mit seiner Familie von Kopenhagen nach Bornholm. Die Familie führte ein entbehrungsreiches Leben. 1891, als 22jähriger, verließ Martin Andersen die Insel wieder. Werke der Weltliteratur entstanden, »Ditte Menschenkind«, »Pelle, der Eroberer« und »Morten, der Rote« gehören zu ihnen. Aus Dankbarkeit für eine harte und dennoch positiv prägende Jugend nahm er den Zunamen »Nexø« an. Nach dem Zweiten Weltkrieg ließ er sich in der DDR nieder, wo er auch 1954 starb.

»Das Meer prägt die Insel. Es ist die zweite Landschaft.« Diese berühmten Sätze über Bornholm stammen von **Hans Henny Jahnn**. Der Hamburger Schriftsteller ging während des Zweiten Weltkrieges ins Bornholmer Exil.

Dort konnte er auch nach der Besetzung der Insel durch das Deutsche Reich weitgehend ungehindert weiterarbeiten, weil er sich aus der Politik heraushielt. Jahnn weiter: »Das Land ist einfach und ruhig, von einer klaren, keineswegs dämonischen Schönheit.«

Auch die Maler dürfen nicht vergessen werden. **Kristian Zahrtmann** etwa, **Oluf Høst**, **Poul Høm**, Namen, die heute feste Größen in der dänischen Malereigeschichte sind. Und natürlich lockt das Licht der Insel noch heute viele Freizeitmaler an.

Beginn des Tourismus

Doch nicht nur sie. Um die Jahrhundertwende setzte bereits der große Tourismusschwung ein. Der felsige Norden war das Ziel, **Allinge** und **Sandvig** entwickelten eine touristische Struktur.

Noch Anfang der siebziger Jahre unseres Jahrhunderts waren viele Hotels und Pensionen der Insel nur spärlich eingerichtet. In den Zimmern standen Schilder, die um sparsamen Gebrauch des Trinkwassers baten. Nur zehn Jahre später boomte Bornholm. Das ist seitdem nicht immer so gewesen, Dänemark galt viele Jahre als sehr teuer, und so mancher Bornholmer glaubte wohl auch, am Besucherstrom schnell verdienen zu können.

Natürlich hat es dabei auch nicht an Ideen gefehlt, wie man den Tourismus noch besser nutzen könne. Großprojekte wurden immer wieder geplant und schnell wieder verworfen. Sie paßten nicht zur Insel und ihren Einwohnern. Rechtzeitig begriff man, daß die Natur das Kapital der Insel ist. Sicherlich, die Inselhauptstadt **Rønne** verändert ihr

So ruhig ist es im Snogebæker Hafen im Sommer nur selten

9

Gesicht. In **Neksø**, **Tejn** und **Hasle** sind moderne Fischereihäfen entstanden. Doch Landwirtschaft und Fischerei erleben eine Krise. Und auch manches Hotel, manche Boutique, die im Frühjahr mit viel Elan starten, müssen am Ende der Saison schließen.

Andererseits entstand eines der schönsten **Radwegenetze** des Landes. Entlang einstiger Bahntrassen, durch reizvolle Wälder oder manchmal auch ein kurzes Stück entlang der Landstraße. Gleiches gilt für die **Wanderwege** entlang der Küste oder in den Wäldern des Binnenlandes. Sonnenhungrige können sich an den **Stränden** zwischen Neksø und Rønne aalen, Sportler ausreiten oder golfen. Und wen es in die Stadt zieht, der hat die freie Auswahl. Zwischen der Inselmetropole Rønne, dem beschaulichen Hasle, dem quirligen Doppelort Allinge-Sandvig, dem Touristenmagneten Gudhjem, dem aufblühenden Svaneke, dem halb modernen, halb verträumten Neksø oder der einzigen Binnenstadt Åkirkeby. Und das ist noch längst nicht alles! Da wären ja noch die vielen kleinen Dörfer wie Østermarie oder Pedersker, Idyllen wie Helligpeder oder Christiansø, die Fischräuchereien und die Keramikwerkstätten, die Rundkirchen und die Burgruine, die Hafenfeste und die Flohmärkte, Dänemarks zweithöchste Erhebung und der größte Wasserfall des Landes, die Trabrennbahn und und und… Und die Bornholmer selbst natürlich, diese wunderbar starrköpfigen und zugleich aufgeschlossenen Menschen.

Irgendwann einmal ist jeder Urlaub zu Ende. Die Schiffsbesatzung holt die Taue ein. Jetzt gibt es kein Zurück mehr. Das Schiff dreht im Hafenbecken und schiebt sich an der Mole vorbei auf die See hinaus. Wer nach rechts und links schaut, wird hier und da eine Träne des Abschieds entdecken. Bei groß und klein, bei Alt- und Neu-Bornholmern.

LESETIP

Nach wie vor eine brillante Lektüre ist das **MERIAN-Heft Bornholm**, das allerdings schon 1969 erschienen und heute nur noch antiquarisch erhältlich ist. Das gilt leider auch für viele Bücher **Martin Andersen Nexøs**, die früher im Ostberliner Aufbau Verlag veröffentlicht und nach dem Ende der DDR verramscht wurden. Lieferbar ist derzeit nur der Band **Bornholmer Novellen**.

Bizarres Lichtspiel an der Museumsräucherei in Hasle

Auch wenn man nach Bornholm fliegen kann – nur eine Schiffsreise bietet die richtige Einstimmung auf die Insel. Die Anreisemöglichkeiten sind zahlreich.

Während in ganz Dänemark derzeit Brücken gebaut werden oder in Planung sind, in absehbarer Zeit die Schiffsverbindungen zwischen Kopenhagen und Malmö bzw. Seeland und Fünen überflüssig werden, bleibt Bornholm eine Insel. Unvorstellbar auch, daß es eines Tages eine feste Verbindung hinüber zum schwedischen Festland geben könnte. Folglich kann Bornholm auch nur auf zwei Wegen erreicht werden – mit dem Schiff und mit dem Flugzeug.

Mit dem Schiff

Direktverbindungen gibt es von Saßnitz (mit der DFO) und Neu Mukran (mit BornholmFerries/ Bornholmstrafikken, beide auf Rügen) nach Rønne. Die Fahrtzeit beträgt 3,5 Stunden.

Alternativ hierzu kann man von Lübeck-Travemünde oder Rostock zunächst ins südschwedische Trelleborg fahren (Fahrtzeit sieben bzw. sechs Stunden). Von dort aus ist es mit dem Wagen eine Stunde nach Ystad. Von hier geht es dann mit dem Schiff von Bornholmstrafikken hinüber nach Rønne (Fahrtzeit 2,5 Stunden).

Eine weitere Möglichkeit bietet sich mit der Anfahrt über Puttgarden und Rødby bzw. Rostock und Gedser nach Kopenhagen. Von dort kann man entweder direkt mit dem Schiff nach Bornholm fahren (Fahrtdauer 6,5 Stun-

Die Bornholmer Fährschiffe wurden
nach Volkshelden benannt

Stunden), oder man setzt hinüber ins schwedische Limhamn (nahe Malmö, Fahrtdauer 55 Minuten), um von dort weiter nach Ystad zu fahren (Autobahn, Fahrtdauer eine Stunde).

Wer nicht mit dem Auto auf die Insel will, kann sich auch auf die »Funny Girl« der Arkona Reederei begeben. Von Mitte Mai bis Ende September geht es dann dienstags, donnerstags, freitags und sonntags von Saßnitz nach Rønne. Diese Verbindung wird in erster Linie von Tagesausflüglern genutzt.

Eine weitere Möglichkeit ist der Umweg über das südschwedische Simrishamn, von wo aus ein Boot nach Allinge fährt (keine Autos !).

Schließlich gibt es noch eine Busverbindung vom Kopenhagener Hauptbahnhof über Limhamn und Ystad nach Rønne (Route 866).

Für eine Entscheidung der Reiseroute sollte man noch folgendes bedenken: Die Direktverbindung ist sicherlich die reizvollste, da die Fahrtzeit mit dem Schiff relativ kurz ist, man also schnell sein Ziel erreicht. Gleichwohl sind die Anfahrtswege nach Rügen derzeit noch nicht sonderlich gut. Man muß sich also dennoch rechtzeitig auf den Weg machen.

Die Fahrt über Kopenhagen bietet die Möglichkeit zu einem Stopp in der dänischen Hauptstadt. Die Fahrt über Ystad ermöglicht entweder ein Kennenlernen der sehr reizvollen schonischen Kleinstadt. Oder gar noch einen schnellen Abstecher ins etwas weiter östlich gelegene Kåseberga, wo mit der Schiffssetzung »Ales stenar«, dem »schwedischen Stonehenge«, eine der größten Sehenswürdigkeiten des Landes zu sehen ist.

Keine Bange brauchen Sie jedenfalls vor den Fahrten durch Dänemark und Schweden zu haben. Die Ausschilderung ist durchgehend hervorragend.

Für die Anfahrt über Dänemark ist wichtig zu wissen, daß dort auf Autobahnen nur 110 km/h gefahren werden darf. Auf Bornholm gilt eine Höchstgeschwindigkeit von 80 km/h außerhalb von Ortschaften, innerhalb von 50 km/h. Tagsüber muß Abblendlicht eingeschaltet werden, es besteht Gurtpflicht, die Promillegrenze liegt bei 0,8.

In Dänemark sind die Geldbußen bei Verkehrsverstößen übrigens sehr saftig. Schließlich sei noch angemerkt, daß sich im Schiffsverkehr nach Bornholm immer wieder überraschend Änderungen ergeben können. Neue Verbindungen entstehen, alte werden urplötzlich eingestellt.

Mit dem Flugzeug

Wer dennoch lieber fliegen mag, kann von Mitte Mai bis Mitte September von Berlin, Düsseldorf und Hamburg direkt nach Rønne fliegen, ansonsten muß man den Weg über Kopenhagen nehmen.

Bornholm ist erstens die Insel der Radler, zweitens die Insel der Busbenutzer und erst drittens die Insel der Autofahrer. Ideal für einen aktiven Urlaub.

Die Frage, wie man Bornholm am besten kennenlernt, wird tagtäglich am Hafen beantwortet. Autos über Autos fahren aus den Fährschiffen heraus, aber kaum eines ohne Räder auf dem Dach. Man reist zwar mit dem Wagen an. Vor Ort bewegt man sich aber mit dem Rad. Oder mit dem Bus. Nur der Zug steht nicht mehr zur Verfügung. Die Bornholmer Eisenbahnhistorie, die am 12. Dezember 1900 begann, endete am 28. September 1968, als der letzte Zug von Neksø nach Rønne fuhr. Auf der Insel der kurzen Wege war die Konkurrenz von PKW und LKW zu groß geworden.

Mit dem Auto

Bornholms Straßen sind Spitzenklasse, selbst Nebenwege sind meist gut ausgebaut. Rasen ist aber auf der Insel verpönt. 80 km/h ist die Höchstgeschwindigkeit, kaum einer nutzt sie aus, die Einheimischen schon gar nicht. In den Ortschaften gelten 50 km/h, teilweise auch 30 km/h.

Parkprobleme gibt es kaum. In den größeren Ortschaften wie Rønne und Neksø lassen sich überall ausreichend Parkplätze finden. Eng wird es zuweilen nur in Gudhjem, selbst Bornholmer sind hier schon entnervt wieder umgekehrt, weil sich partout kein Parkplatz fand.

Mit dem Rad

Das ideale Fortbewegungsmittel auf Bornholm. Nicht nur, daß das Rad in Dänemark viel selbstverständlicher zum Alltag gehört als bei uns und folglich Radler auch gleichberechtigter sind. Auch das Radwegenetz gerade auf Bornholm kann als vorbildlich gelten.

Über die Insel ist ein nahezu komplettes Radwegenetz gelegt worden. Diese Radwege führen aber zumeist nicht unmittelbar an der Straße entlang, sondern in ausreichender Distanz durch Felder und Wälder. Oftmals folgen sie den stillgelegten Trassen der Eisenbahn. Der Radweg von Klemensker nach Rø gehört zu den schönsten des ganzen Landes.

Die örtlichen Fremdenverkehrsämter halten Tourenvorschläge bereit. Den ausgewiesenen Radwegen kann man dank hervorragender Ausschilderung ohne Probleme folgen. Wer eigenen Routen folgen möchte, kommt mit den handelsüblichen Karten im Maßstab 1:50 000 problemlos aus.

Wer ohne eigenes Rad anreist, braucht trotzdem keine Enthaltsamkeit zu üben. Radverleiher gibt es in nahezu jedem Ort, viele Hotels und Pensionen vermieten Räder. Es werden auch Tandems und Kinderräder verliehen. Die Räder haben normalerweise einen oder drei Gänge.

Bleibt die Frage, ob Bornholm aus Radlersicht flach oder hügelig ist. Für den Süden der Insel ist die Frage sicherlich einfach zu beantworten, er ist flach und einfach zu beradeln. Ab der Linie Svaneke – Rønne wird es allerdings schon schwieriger. Keine Steigung, die nicht zu bewältigen wäre. Aber man sollte schon mit plötzlichen Steigungen von um die 10 Prozent rechnen. Doch keine falsche Scham! Man steigt dann einfach ab und schiebt ein kleines Stück. Wenn man sich umschaut – die meisten anderen tun es auch! Und wenn es gar nicht mehr geht – zur nächsten rettenden Bushaltestelle ist es garantiert nicht weit.

Mit dem Bus

Das Bussystem ist traumhaft gut ausgebaut. Neun Linien verbinden die Orte auf vorbildliche Art ausreichend oft miteinander. Der aktuelle Fahrplan ist jeweils dreisprachig verfaßt, u. a. auch auf Deutsch, und z. B. in den örtlichen Touristenbüros erhältlich.

Als lohnenswert können sich Tagestickets (90, Kinder 45 DKK) und insbesondere Wochenkarten (330, Kinder 165 DKK) erweisen. Die Insel ist in Tarifzonen eingeteilt, eine Zone kostet 7,50 DKK, von Dueodde im Süden bis Sandvig im Norden sind es sieben Zonen.Räder werden in begrenzter Zahl mitgenommen.

DER BESONDERE TIP

Wollen Sie die **ökologische Seite der Insel** kennenlernen, können Sie das umweltfreundlich im Bus tun. **»Den grønne bus« (Der grüne Bus)** fährt von Rønne u. a. zur Volkshochschule, die sich zeitweise der Sonnenwärme bedient, zu einem Öko-Bauernhof bei Åkirkeby, zum Reservat Ølene mit seinen einzigartigen Vogelbeständen, zu einem Heilkräutergarten oder zum Windkraftpark bei Svaneke. Auf sehr anschauliche wie eindringliche Weise wird gezeigt, wie Bornholm versucht, seine Natur zu bewahren und, wo notwendig und möglich, wieder herzurichten. Ende Juni–Juli Do 10 Uhr ab »Det røde Pakhus« am Snellemark/Rønne, 90, Kinder 45 DKK (Tageskarte), Benutzung der Wochenkarte möglich, Dauer sechs Stunden.

Bevorzugte Unterkunftsart auf Bornholm ist das Ferienhaus, gefolgt von Campingplatz und Jugendherberge. Hotelurlaub ist die Alternative.

Sommerhäuser

Beliebteste Unterkunftsart sind die Sommerhäuser. Immer noch gilt die Regel: Wer bis Dezember nicht gebucht hat, bekommt nur noch die Reste. Durch den hohen Anteil an Stammgästen auf Bornholm sind viele Häuser immer schon ein Jahr im voraus gebucht. Wer dennoch ein Haus seiner Wahl finden möchte, sollte sich unmittelbar nach den Sommerferien darum kümmern.

Angeboten werden die Häuser natürlich von allen großen Anbietern wie DanCenter oder Novasol, auch die örtlichen Touristenbüros sind bei der Häuservermittlung behilflich. Die Preise betragen in der Hauptsaison zirka 1 300 DM pro Woche für ein durchschnittlich ausgestattetes Haus für eine Familie. Gerade im Süden bezahlen Sie natürlich die Lage nahe am Strand mit, ohne daß mit dem Preis der Komfort steigt. Wer aber hauptsächlich einen Badeurlaub plant, jedoch im Norden ein Haus mietet, sollte in sein Urlaubsbudget das Benzin für täglich zirka 80 Kilometer für das Zwischenfahren einplanen. Nach oben hin scheinen den Hauspreisen übrigens keine Grenzen gesetzt. Ähnlich wie an der jütischen Westküste gab es auch auf Bornholm den Trend zum großen, von mehreren Familien bewohnten Luxushaus mit Whirlpool, Swimmingpool und Sauna. Und das kostet dann pro Woche 3 500 DM. Zuzüglich Strom. Doch so einfach wie noch vor ein paar Jahren sind diese Häuser nicht mehr zu vermieten.

Mancher wünscht sich auch den Komfort eines Hotels, mag aber nicht ständig vom Hotel verköstigt werden, sondern schwört auf Selbstverpflegung. Deshalb bieten einige Hotels Ferienwohnungen an. Die Preise bewegen sich zwischen 800 und 1 200 DM pro Woche.

Campingplätze und Jugendherbergen

Mit der Zahl der Radler ist in den letzten Jahren auch die Zahl derer gewachsen, die ihre Unterkunft flexibel wählen wollen und deshalb auf ein Ferienhaus als festen Standort verzichten. Statt dessen werden Campingplätze oder Jugendherbergen angesteuert. Kein Wunder also, daß auch Bornholms Campingplätze mitunter völlig ausgebucht sind. Von den 16 Plätzen der Insel befindet sich nur einer im Binnenland, nämlich in Åkirkeby, und zwei an der Westküste, nämlich bei Hammershus und in Hasle. Alle anderen ballen sich im Norden und Osten, hier insbesondere in Dueodde und Sandvig–Allinge–Tejn.

Derzeit gibt es auf Bornholm sechs Jugendherbergen, alle liegen sie im nördlichen Teil der Insel, nämlich in Allinge, Dueodde, Gudhjem, Hasle, Rønne und Svaneke. Die schönste Lage bieten vermutlich jene in Gudhjem unmittelbar am Hafen. Dort ist es aber auch entsprechend belebt.

Allen Jugendherbergen ist ständiger Platzmangel während der Hauptsaison gemeinsam. Die Beliebtheit Bornholms übersteigt bei weitem die Zahl der zur Verfügung stehenden Jugendherbergsbetten. Deshalb sollte man so früh wie möglich reservieren.

Hotels und Pensionen

An der Küste gibt es Hotels jeder Kategorie und Qualität in ausreichender Anzahl. Besonders ballen sie sich in Rønne und Neksø, um Dueodde und vor allem im Nor-den zwischen Gudhjem und Sandvig. Im Binnenland sind Hotels weitaus schwerer zu finden. Gemeinsam ist allen Hotels eine gute bis hervorragende und vor allem geschmackvolle Ausstattung. Daß sie zu teuer sind, ist übrigens ein Vorurteil, gerade in der Nebensaison gibt es enorme Preisnachlässe.

Eine Alternative zu den Hotels sind die Pensionen. Sie sind schlichter, aber auch familiärer. Und natürlich günstiger. Auch sie findet man vorzugsweise in den genannten Ballungsräumen. Nachteil beider Übernachtungsformen ist sicherlich, daß man sich abends nur im Zimmer oder Gemeinschaftsraum aufhalten kann, während man beim Ferienhaus noch Garten oder Terrasse nutzen kann.

Preisklassen

Die Preise beziehen sich auf ein Doppelzimmer für zwei Personen inkl. Frühstück.
Luxusklasse: ab 1 000 DKK
Obere Preisklasse: 800–1 000 DKK
Mittlere Preisklasse: 500–8 000 DKK
Untere Preisklasse: bis 500 DKK

DER BESONDERE TIP

Strandhotellet Die Top-Adresse im Norden der Insel, unmittelbar am Hafen gelegen. Nach der 1992 durchgeführten Sanierung – das Hotel war 1990 völlig ausgebrannt – nun modern und geschmackvoll eingerichtet. Sehr guter Service. Und nicht zuletzt mit dem Restaurant **Eleonora Christina** eines der besten Restaurants (Obere Preisklasse) der Insel. Strandpromenaden 7, Tel. 56 48 03 14, Fax 56 48 02 09, 42 Zimmer, Obere Preisklasse ■ B 2

Die bodenständige Bornholmer Küche wird von Fisch dominiert. In guten Restaurants ist aber natürlich der internationale Einfluß spürbar.

Noch im letzten Jahrhundert, so wird gerne erzählt, hätten sich die Knechte von ihren Herren zusichern lassen, nicht öfter als dreimal pro Woche Lachs essen zu müssen! Ob das stimmt oder nicht eher ein Mythos ist, sei dahingestellt. Ähnliche Erzählungen kennt man auch aus anderen Teilen Dänemarks, so aus dem jütischen Mors, wo die Bediensteten sich gegen zuviel Aal wehrten.

Sicher ist jedenfalls, daß die traditionelle Bornholmer Küche sehr bodenständig ist. Man griff immer auf das zurück, was Felder und Meer gaben, es wurde deutlich mehr Fisch als Fleisch gegessen.

Dennoch ist die Bornholmer Küche keine typisch dänische. Unübersehbar ist der schwedische Einfluß, aber auch der polnische und deutsche.

Räucherfisch – einfach, aber soo gut

Hering, Dorsch und Lachs sind die drei Bornholmer Traditionsfische. Der berühmteste Bornholmer Hering ist natürlich der

Geräucherte Bornholmer Heringe müssen besonders fett sein

røget sild (geräucherter Hering), den man auch außerhalb der Insel zu schätzen weiß. Er wird über Erlenholz geräuchert. Seinen Ursprung hat er im britischen Raum, Anfang des vorigen Jahrhunderts fand diese Zubereitungsart während der Napoleonischen Kriege den Weg über Christiansø nach Gudhjem und somit nach Bornholm. Mitte des 19. Jahrhunderts soll es allein in Gudhjem 50 kleine Räuchereien gegeben haben.

Heute gibt es auf der ganzen Insel noch neun, nämlich in Svaneke, Tejn, Allinge, Hasle, Østre Sømarken/Pedersker, Gudhjem, zwei in Årsdale und in Snogebæk. Am besten schmecken die Bornholmer natürlich, wenn sie nach fünf bis sechs Stunden warm aus dem Ofen kommen. Dazu gibt es grobkörniges Salz und ein Bier. Menschen mit empfindlichen Mägen sollten allerdings etwas vorsichtig sein, denn die zu räuchernden Heringe müssen möglichst fett sein. Vielleicht hilft da ein Aquavit bei der Verdauung.

Die Einheimischen behaupten, daß die geräucherten »Bornholmer« nur warm schmecken, man sie nur im Notfall kalt essen dürfe.

Die Variante mit Butter, Zwiebeln und einem Eigelb heißt übrigens «Sol over Gudhjem» (Sonne über Gudhjem).

Natürlich lassen sich mit Heringen noch andere Dinge anstellen. Zu gebratenen Salzheringen wird z.B. Butterbrot, rote Bete und Senf gereicht, wobei die einen den scharfen, die anderen den süßen Senf bevorzugen, letzteres ist typisch schwedisch. Oder man verrührt Essig und Sahne, um daraus eine dickliche Sauce entstehen zu lassen. Zu Heringsfilets kann man aber auch eine Dippe aus Essig, Pfeffer und gehackten Zwiebeln reichen, die sogenannte siljadyppa.

Fisch mariniert, gekocht oder mit Kompott

Natürlich mariniert man auf Bornholm die Heringe auch. Im Unterschied zum Rest des Landes ißt man hier hartgekochte Eier dazu. Eine Variante sind spegesild med spejlæg og braskartofler (marinierte Heringe mit Spiegelei und Bratkartoffeln).

Eine Spezialität, die im ersten Moment etwas absonderlich klingt, (aber wirklich phantastisch schmeckt) sind stegt sild (gebratene Heringsfilet) mit Rhabarber- oder Stachelbeerkompott. Eine Variante, die besonders im Rønner Raum gepflegt wird.

Dorsch wird in einer Mischung aus Schalotte, Lorbeerblatt, Pfeffer und Essig gekocht und anschließend mit einer Senfsauce serviert. Das tut man in ganz Dänemark, weshalb die Bornholmer natürlich noch ihre eigene Variante entwickelt haben, die gudhjemmadyppa. Hierzu brät man geräucherten Speck aus, gibt die Schalotten mit hinein und bindet den Pfanneninhalt mit Mehl und Fischsuppe, um ihn dann mit Essig abzuschmecken. Aber auch von

BORNHOLM ERLEBEN

dieser Sauce gibt es mehrere Varianten. Der Bornholmer Lachs ist nicht so rot wie der etwa aus Kanada. Er schmeckt weicher, nicht so fischig.

Einflüsse der Kontinentalküche

Fleisch hat traditionell keine so große Bedeutung auf Bornholm, auch wenn sich die Verhältnisse in den letzten Jahrzehnten verändert haben. **Fyjlnakreitur** (gefülltes Geflügel) wird z.B. gerne zubereitet.

Dazu füllt man eine Gans oder Ente mit Brezeln, Äpfeln, getrockneten Backpflaumen, Rosinen, Salz, Zucker und Kräutern, etwas Kardamom, eventuell Zimt oder Vanille. Dazu gibt es Rotkohl.

Und auch Gemüse führte immer nur ein Schattendasein. Man aß vorzugsweise Erbsen, Weißkohl, Zwiebeln und Porree, alles andere sind mehr Errungenschaften der jüngeren Zeit.

Wie überhaupt der Einfluß des Festlandes auf die Bornholmer Speisekarte größer geworden ist. In den Restaurants wie daheim gibt es selbstverständlich **hamburgerryg** (Kassler) mit Gemüse und Salzkartoffeln, **ribbensteg** (Bauchfleisch mit Schwarte) mit Rotkohl und Kartoffeln, **biksemad** (eine Art Resteessen aus Kartoffeln und Fleisch) oder den berühmtesten aller dänischen Zungenbrecher **røde grøde med fløde** (Rote Grütze mit Sahne). Lamm, Rind und Schwein werden heute überall serviert.

Verlockungen für den kleinen Hunger

Begonnen wird der Tag im übrigen mit dem **morgenmad**, dem Frühstück, das typisch kontinentaleuropäisch ist.

Eine Besonderheit ist die Mittagsmahlzeit, **frokost**. Hier gibt es das ein oder andere **smørrebrød**, also eine Scheibe Brot mit einem Salatblatt und darauf Aufschnitt, also Pastete oder Roastbeef, vielleicht aber auch Hering oder Lachs, darauf dann Zwiebeln oder Remoulade oder Preiselbeeren oder Spargel oder einfach alles zusammen, je nach Lust und Laune. Entstanden ist das smørrebrød übrigens Anfang dieses Jahrhunderts in der Kopenhagener Gaststätte Ida Davidsen als Beigabe zum mittäglichen Bier. Abends gibt es dann das **middag**, was sprachlich vielleicht verwundern mag.

Als Alternative für den kleinen Hunger zwischendurch empfehlen sich aber auch die Würstchen **Pølser** und **Hot-Dog**, wobei man sie gekocht oder gebraten wählen kann. Pølser irritieren viele Nicht-Dänen ob ihrer eigenartigen roten Farbe. Ein gebratener (**ristet**) Hot-dog wird in einem aufgeklappten Brötchen mitsamt Senf, Remoulade, Ketchup, gerösteten oder rohen Zwiebeln und Gurken serviert. Die Würstchenbuden, **pølsevogn**, finden Sie zumeist am Marktplatz und am Hafen.

Getrunken wird, wie in Dänemark sonst auch, viel Kaffee, gerne auch noch zu später Abendstunde in großen Mengen, Bier, wobei es durchaus normal ist, daß ein paar Leute sich hierfür tagsüber am Markt oder im Hafen treffen, und zunehmend Wein. Daß Fisch schwimmen muß und folglich mit Aquavit verdaut wird, ist selbstverständlich. Der **Bornholmer Aquavit** stammt im übrigen nicht von der Insel, sondern wird auf dem Festland zubereitet, wenn auch nach einem angeblich alten Rezept aus Hasle. Die Bornholmer stehen ihm aber wegen seines Etikettenschwindels ebenso skeptisch gegenüber wie vor vielen Jahren dem Bornholmer Bier, das in Wahrheit aus Odense (Fünen) kam.

Essengehen ist auf Bornholm kein billiges Vergnügen. Es ist meist der Alkohol, der die Rechnung in die Höhe schnellen läßt, zudem ist eben die Mehrwertsteuer hier 10% höher höher als in Deutschland.

Günstiger wird es, wenn Sie auf den Hinweis **dagens ret**, Ta-gesgericht, achten. Vielerorts gibt es auch sogenannte Standardgerichte, die schnell zubereitet werden können, etwa Hähnchen mit Pommes, Schnitzel mit Erbsen oder panierte Scholle mit Pommes. Doch auch wer die bessere Küche genießen mag, wird auf Bornholm leicht fündig. Die Hotels der Oberklasse besitzen gute Restaurants, außerdem gibt es an der Küste einige gute Adressen, so etwa **Louisekroen** in Bølshavn, **Tre Søstre** in Neksø, **Le Port** in Vang oder **Den lille havfrue** in Snogebæk.

Preisklassen
Die Preise beziehen sich auf ein Hauptgericht ohne Getränke und Trinkgeld.
Luxusklasse: über 160 DKK
Obere Preisklasse: 110–160 DKK
Mittlere Preisklasse: 70–110 DKK
Untere Preisklasse: bis 70 DKK

DER BESONDERE TIP

Brasserie Truberg Neues und sehr originelles Restaurant am Neksøer Hafen. Der Boden ist mit Sand bedeckt, die Wände zeigen den Inhaber als Kunstfreund, die Stimmung ist ungezwungen das Essen frisch und gekonnt zubereitet. Natürlich gibt es hier Meerestiere in verschiedenen Varianten, doch auch Freunde des exzellent bereiteten Steaks werden auf ihre Kosten kommen. Havnen 2, Neksø, Tel. 56 49 20 90, tgl. 10–24 Uhr, Obere Preisklasse   ■ F 5

Eßdolmetscher

A

aborre: Barsch
agerhøne: Rebhuhn
agurk: Gurke
and: Ente
appelsin: Apfelsine
asparges: Spargel

B

banan: Banane
biksemad: Resteessen aus Fleisch und Kartoffeln
birkes: Mohnbrötchen
bitter: Magenbitter
blandet salat: gemischter Salat
blomkål: Blumenkohl
blomme: Pflaume
blæksprutte: Tintenfisch
blåmuslinger: Miesmuscheln
bov: Schulter
brød: Brot
bækforel: Backforelle
bønner: Bohnen

C, D

cacaomælk: Trinkschokolade
dadel: Dattel
dagens ret: Tagesgericht

dansk vand: Mineralwasser
due: Taube

E

eddike: Essig
engelsk bøf: Rumpsteak

F

fedt: Schmalz
fersken: Pfirsich
figen: Feige
fisk: Fisch
fjærkræ: Geflügel
flynder: Flunder
flæskesteg: Schweinebraten
fløde: Sahne
forret: Vorspeise
franskbrød: Weißbrot
frikadeller: Frikadellen
frokost: Mittagessen
frugt: Obst
fuldkornbrød: Vollkornbrot

G

gammel dansk: Magenbitter
gedde: Hecht
grønsager: Gemüse
grøn peberfrugt: Paprika
gulerod: Wurzel
gås: Gans
gåsebryst: Gänsebrust

Carlsberg-Bier lockt auch in Rønne

H

hakket kød: Hackfleisch
hamburgerryg: Kassler
hane: Hahn
hare: Hase
havørred: Meerforelle
hindbær: Himbeere
honning: Honig
hornfisk: Hornhecht
hovedret: Hauptgericht
hvidkål: Weißkohl
hvidløg: Knoblauch
hvid vin: Weißwein
hvid øl: Malzbier
højreb: Hochrippe
høne: Huhn
hønsebouillon: Hühnerbrühe

I, J

is: Eis
jordbær: Erdbeere
juice: Saft

K

kaffe: Kaffee
kage: Kuchen
kalkun: Truthahn
kanel: Zimt
kanelstang: Zimtkuchen
karpe: Karpfen
karry: Curry

kartoffler: Kartoffeln
kirsebær: Kirsche
klipfisk: Stockfisch
kogt: gekocht
krydderier: Kräuter
kylling: Hähnchen
kærnemælk: Buttermilch
kød: Fleisch
kølle: Keule

L

laks: Lachs
lammekød: Lammfleisch
letmælk: fettarme Milch
letøl: Leichtbier
lever: Leber
leverpostej: Leberpastete
løg: Zwiebel

M, N

makrel: Makrele
morgenmad: Frühstück
middag: Abendessen
musling: Muschel
nakkekam: Nakken

So sieht die »Sonne über Gudhjem« aus

BORNHOLM ERLEBEN

O

oksekød: Rindfleisch
ost: Käse
othellobolle: Mohrenkopf
ovnstegt: gebraen

P, Q

peber: Pfeffer
peberrod: Meerrettich
persille: Petersilie
pighvar: Steinbutt
piskefløde: Kaffeesahne
purløg: Schnittlauch
pålæg: Aufschnitt
pære: Birne
pølser: Würstchen

R

radiser: Radieschen
regnbueørred: Regenbogenforelle
rejer: Krabben
ribs: Rote Johannisbeere
ristede: gebraten
rosenkål: Rosenkohl
rugbrød: Roggenbrot
rundstykke: Brötchen
rådyr: Reh
rødkål: Rotkohl
rødspætte: Scholle
rødvin: Rotwein
røget: geräuchert

S

salt: Salz
sandart: Zander
sennep: Senf
sild: Hering
skalle: Rotauge
skinke: Schinken
skubbe: Flunder
skummetmælk: entrahmte Milch
smør: Butter
smørrebrød: belegtes Butterbrot
snaps: Schnaps
solbær: Schwarze Johannisbeeren
stegt: gebraten

stikkelsbær: Stachelbeeren
sur: sauer
svampe: Pilze
sveske: Backpflaume
svinekød: Schweinefleisch
sød: süß
sødmælk: normale Milch
søtunge: Seezunge

T, U, V

te: Tee
torsk: Dorsch
tykmælk: Dickmilch
tyksteg: Rumpsteak
tyttebær: Preiselbeeren
vand: Wasser
vin: Wein

W, Y, Z

wienerbrød: Kopenhagener (Blätter-teigkuchen)
Jogurth: Joghurt

Æ, Ø, Å

æble: Apfel
æg: Ei
ærter: Erbsen
øl: Bier
ål: Aal

Bornholm ist nicht Kopenhagen, Paris oder Mailand, in den Kaufrausch wird man hier schon nicht verfallen. Oder vielleicht doch?

Nun, schöne Modeboutiquen gibt es durchaus. In Boderne bei Pia Stærmose, rund um den Marktplatz in Rønne oder bei Textilkünstlern wie Bente Hammer in Nylars oder Karen Dam in Pedersker. Individuelle Stücke bei den einen, Konfektionsware gehobener Art bei den anderen.

Dennoch dürfte die Mode Ihre Urlaubskasse nicht übermäßig schröpfen. Eher schon das bekannte dänische **Küchendesign**. Ob Geschirrtücher, Töpfe oder teures Prozellan aus den bekannten Kopenhagener Manufakturen, das alles ist geschmackvoll gestaltet und dennoch zumeist für den Alltagsgebrauch bestimmt. Geschäfte der Ketten **Imerco** und **Inspiration** können mit einem großen Angebot aufwarten.

Keramik, Uhren und Glas – Kunsthandwerk hat Tradition

So richtig typisch ist die Bornholmer **Keramik**. In Rønne gab es die drei Manufakturen **Michael Andersen**, **Hjorth** und **Søholm**, die industrielle Keramik produzieren und dabei auf eine lange Tradition zurückgreifen konnten. Die zweitälteste Werkstatt von den dreien, Hjorth, wurde immerhin bereits 1859 gegründet. Hjorth mußte aber 1992 schließen und wird im Juli 1995 als Keramikmuseum eröffnet. Michael Andersen war zwischenzeitlich ebenso von der Schließung bedroht wie Jahre zuvor Søholm.

Heute zeigen sich beide Unternehmen gut erholt und faszinieren mit origineller Produktion.

Darüber hinaus gibt es aber noch eine ganze Reihe Künstler, die auf dem Lande in ihren Werkstätten arbeiten und ausstellen. Die Bandbreite reicht dabei von Gebrauchskeramik wie Bechern und Tellern bis hin zu wahren Kunstobjekten. Natürlich differieren die Stilrichtungen und Farbgebungen sehr stark. Wer nun nicht zu jedem der ungefähr 40 Bornholmer Keramiker hinfahren mag, sondern zunächst einen Überblick bekommen möchte, sollte in die Gemeinschaftsausstellung **Kampeløkken** in Allinge gehen (→ Sehenswerte Orte und Ausflugsziele, Allinge).

Traditionsreich ist auch die Fertigung der typischen Bornholmer **Uhren**. Der Legende nach strandete ein britisches Schiff vor ca. 200 Jahren mit einer Vielzahl Standuhren an Bord. Natürlich hatten die Bornholmer nichts Besseres zu tun, als sich deren

BORNHOLM ERLEBEN

Wirklich »heiß« geht es in der Glasbläserei Pernille Bülow zu

Bauweise anzuschauen und zu kopieren.

Mitte des 18. Jahrhunderts waren die von der Familie Arboe gefertigten Bornholmer Uhren in ganz Europa ein Begriff. Noch Mitte des vorigen Jahrhunderts war die Uhrenfertigung einer der wichtigsten Bornholmer Erwerbszweige. Doch um 1870 verdarben billige amerikanische Modelle den Markt.

Heute wird diese Tradition nur noch von Aage und Bent Svendborg Pedersen in Rønne gepflegt, sogar die norwegische Ministerpräsidentin Gro Harlem Brundtland und Dänemarks damaliger Ministerpräsident Poul Schlüter besuchten die beiden 1992.

In den letzten Jahren haben die Bornholmer weitere Erwerbszweige entdeckt. So etwa die **Glasbläserei**. In Snogebæk, Svaneke und zweimal in bzw. bei Gudhjem gibt es solche Bläsereien, in denen man die Gläser nicht nur erwerben, sondern zuvor auch bei der Produktion zuschauen kann.

Gleiches gilt auch für **Kunst aus Granit**. Der Kenner unterscheidet auf Bornholm fünf Arten, nämlich Hammer-, Svaneke-, Rønne-, Vang- und Paradisbakkegranit. Aus diesen werden sowohl Schmuckstücke als auch Gebrauchsgegenstände gefertigt. Besonders gerne werden sie auch als Lampenfuß genutzt.

Andere Schmuckläden legen ihren Schwerpunkt auf Bernstein. Und ebenso beliebt wie günstig sind Kerzen, die in quer über die Insel verstreut liegenden speziellen Shops zu erhalten sind.

Wer schließlich auf den Geschmack gekommen ist, kann einige Tage vor der Abfahrt beim Fischhändler eine Kiste voller geräucherter und vakuumverpackter **Bornholmer** bestellen und mit nach Hause nehmen.

DER BESONDERE TIP

Glastorvet Vor ein paar Jahren zwischen Markt und Hafen eröffnetes kleines Handwerkszentrum in Svaneke. In den Boutiquen bietet Pernille Bülow ihre Glasarbeiten an, die vielfach als die besten unter den vier Bornholmer Glasbläsereien angesehen werden. Nebenan entwirft in einer kleinen Boutique Lone Drews Jacobsen ihre Goldschmiedearbeiten. Ein Geschäft mit selbstentworfener Mode und eine Boutique mit Susanne Rasborgs Fayence folgen in der Ladenzeile. Ein Café rundet die Passage ab. Brænderigænget 8, Svaneke   ■ F 4

BORNHOLM ERLEBEN

Kein Disneyland, kein Hansaland, dennoch eignet sich Bornholm ideal für einen Urlaub mit Kindern. Die Insel bietet höchst unterschiedliche Attraktionen.

Nicht das Spektakuläre zeichnet das Bornholm der Kinder aus, sondern daß viele Ziele auch für Kinder interessant sind.

Man denke nur an Bornholms wohl größte Sehenswürdigkeiten, **Hammershus** und die **Rundkirchen**. Auf einer wirklichen Burg ungehindert umhertollen, das ist schon ein Erlebnis. Oder die engen Gänge in den Wänden der Ols- oder der Østerlarskirche nach oben gehen, das erinnert schon ans Mittelalter.

Nicht weniger faszinierend anzuschauen ist sicherlich, wie die Fischer im Hafen ihre Ladung löschen, wie die geräucherten »Bornholmer« aus dem Ofen kommen, die Keramiker auf der Drehscheibe Vasen und Töpfe formen oder die Glasbläser inmitten schier unerträglicher Hitze ihr Kunstwerk vollführen. Faszinierend selbstverständlich auch der lange **Strand** im Süden der Insel. Hier kann man toben, Ball spielen oder Burgen bauen, ohne daß sich jemand gestört fühlt. Schließlich ist genug Platz, und da es hier keine Strandkörbe gibt und die Erwachsenen folglich auf das Burgenbauen verzichten, erhebt auch niemand Anspruch auf einen bestimmten Strandabschnitt.

Wichtig ist für Eltern nur, daß sie gerade am Strand besonders auf die Kleinen aufpassen. Die Strömung ist an Bornholms Küste mitunter recht tückisch, das Geschehen am Strand im Hochsommer zuweilen unübersichtlich, und Surf-Anfänger mißbrauchen oft das relativ flache Wasser in Ufernähe als Übungsgelände.

Natürlich gibt es auch Attraktionen, die besonders für Kinder reizvoll sind. Zu nennen ist vor allem **Brændesgårdshaven**, ein großer Spielpark westlich von Svaneke mit u. a. Karussells, Schwebebahnen, Ruderbooten, Tieren und Wasserrutschen. Doch auch Erwachsene werden sich hier garantiert nicht langweilen (→ Svaneke, Ausflugsziele). Im Norden Bornholms liegt auch, einige Kilometer westlich von Allinge, Bornholms großer Zoo. Radtouren lassen sich mit Kindern herrlich im flachen Süden absolvieren, anderswo werden Reitmöglichkeiten geboten. Und schließlich werden Kindern auch einige der Attraktionen gefallen, die eigentlich eher für Erwachsene gedacht waren, etwa das **Automobilmuseum** in Åkirkeby oder das **Verteidigungsmuseum** in Rønne.

Der Spielpark Brændesgårdshaven ist angenehm traditionsorientiert

Faulenzen und Aktivsein liegen auf Bornholm dicht beieinander. Phantastische Strände laden ein. Wer mag, kann sich tagtäglich sportlich betätigen.

Was soll man zuerst machen? Sich an dem herrlichen Strand zwischen Arnager und Snogebæk der Sonne und dem Wind hingeben? Oder sich auf das Rad schwingen und die Insel in aller Gemächlichkeit erobern? Oder in einem der herrlichen Waldgebiete spazierengehen? Oder sich als Angler versuchen? Oder vielleicht einmal den Golfschläger in die Hand nehmen? Bornholm bietet auf seinem engen Raum viele verschiedene Möglichkeiten.

Die bekannteste und verbreitetste Sportart ist sicherlich das Radfahren. Auf Bornholm kann man sehr schön zwischen verschiedenen Schwierigkeitsgraden wählen, der Süden ist einfach, der Norden anspruchsvoll (→ Bornholm mit und ohne Auto, Routen und Touren).

Eine ähnliche Einteilung findet sich für die Strände. Im Süden ist der Strand breit und weitläufig, man kann Stunden spazierengehen. Im Norden hingegen gibt es nur vereinzelte Buchten, die aufgrund der umliegenden Felsen zum Baden nicht ganz ungefährlich sind.

Ein Radwegenetz von 200 km erstreckt sich über Bornholm

Angeln

Die Angelmöglichkeiten im Binnenland sind begrenzt, da Bornholm
keine größeren Binnengewässer
besitzt. Nur in einigen Moosen läßt
sich gut angeln, so im Knarremose
bei Rutsker (Krusegård, Tel.
56 96 92 34) oder im Dammemose
bei Klemensker. Eine Alternative
hierzu sind Steinbruchseen wie Fre-
deriks Stenbrud nördlich von Neksø
und der Hammersø zwischen Sandvig und Hammerhavn.

Um so populärer ist folglich die
Küstenangelei. Forellen, Dorsche,
Flunder oder verschiedene Hechtar-
ten können hier gefangen werden.
Am verbreitetsten ist die Meerforelle, die sich in den Bornholmer
Bächen prächtig entwickelt und
rund um die Insel gefangen werden
kann. Die beste Zeit hierfür ist zwischen März und Mai. Die lohnend-
sten Küstenabschnitte befinden sich
zwischen Melsted und Listed an der
Nordostküste sowie Arnager und
Dueodde an der Südküste.

Pflicht ist allerdings eine Angel-
karte. Sie kostet pro Tag 25, pro
Woche 75 und pro Jahr 100 DKK.
Erhältlich ist sie bei den Touristen-
büros, den Postämtern oder den
Q8-Tankstellen.

Golf

Bornholm besitzt drei hervorragende
und landschaftlich reizvolle Golfplät-
ze, sie liegen bei Rø, Rønne und
Dueodde. Da Golf in Dänemark
längst Volkssport ist und nicht jenen
elitären Charakter besitzt wie in
Deutschland, ergibt sich hier auch
für Anfänger die Möglichkeit, in diesen Sport hineinzuschnuppern.

Dueodde Golfplatz ■ E 6
Strandmarksvej 14
Tel. 56 48 89 87
18 Löcher, SSS 70, Par 70, 5 735 m,
Handicap nur Fr–So und an Feierta-
gen 50

Rø Golfplatz ■ C 3
Spellingvej 3
Tel. 56 48 40 50
18 Löcher, SSS 71, Par 71, 5 512 m,
Handicap nur Fr–So und an Feierta-
gen 50

Rønne Golfplatz ■ B 5
Plantagevej 3b
Tel. 56 95 68 54
18 Löcher, SSS 66, Par 68, 4 789 m,
Handicap nur Fr–So und an Feierta-
gen 50

Reiten

Reiten gehört, nicht zuletzt für
Kinder, zu den beliebtesten Freizeit-
vergnügen auf Bornholm. Auf verschiedenen Höfen werden Pferde
für groß und klein bereitgehalten,
man kann sich einer Gruppe anschließen, aber auch allein auf Tour
gehen.

Frennegård
Aarsdalevej 81
Svaneke
Tel. 56 49 72 50

Larsens Rideskole
Smedegårdsvej 32
Smedegård, Rønne
Tel. 56 95 24 05
Nur Mo–Fr

Lille Hallegårds Hestecenter
Plantagevej 23
Bodilsker
Tel. 56 48 80 95 oder 56 49 30 41

Ausreiten ist eine Alternative
zum Strand

Lyngholt Rideskole
Søndre Lyngvej 2
Klemensker
Tel. 56 96 64 00

Schwimmen

Natürlich hofft man bei einem Sommerurlaub auf Bornholm auf gutes Wetter und die Möglichkeit, in der Ostsee zu baden. Wem das Wasser aber zu kalt ist oder wer in der Nebensaison auf der Insel ist, kann aber auf die drei Bornholmer Schwimmhallen ausweichen. Sie befinden sich in Rønne, Gudhjem und Sandvig.

Gudhjem:
Svømmehal
Sportsvænget 16
Tel. 56 48 52 77

Rønne:
Svømmehal
Højvangen 1
Tel. 56 95 56 11

Sandvig:
Bølgebadet (Wellenbad)
Tel. 56 48 05 10

Surfen

Das beste Surfrevier findet sich natürlich rund um Dueodde. Je nach Windrichtung können Sie entweder zwischen Dueodde und Boderne oder Dueodde und Neksø surfen. Ein kleines Surfrevier finden Sie außerdem noch unmittelbar nördlich von Rønne bei Muleby.

Surf Skole
Vermietung von Brettern, Surfschule.
Vestre Strandvej
Balka
Tel. 56 95 00 77
Mitte Juni–Aug.

Tennis

Tennis hat zwar in Dänemark in den letzten Jahren nicht so eine dramatische Entwicklung genommen wie in Deutschland, dennoch erfreut sich auch dort der Sport einer immer stärker werdenden Beliebtheit. Jede Bornholmer Stadt hat ihren Platz, eine Anmietung ist über die Touristenbüros möglich.

Wandern

Bornholm eignet sich hervorragend für größere und kleinere Wanderungen. Dabei wird es nie wirklich anstrengend, andererseits sollte man zum Teil schon etwas Ausdauer mitbringen.
Unbedingt lohnenswert sind Wanderungen durch die Wälder von Almindingen und Paradisbakkerne.

In Almindingen sind der Parkplatz an der Straße Svaneke–Rønne (nahe der Kreuzung mit der Straße Åkirkeby–Årsballe) und der Rytterknægten die besten Ausgangspunkte.

In Paradiesbakkerne gibt es gleich drei sinnvolle Startpunkte, nämlich die Parkplätze bei Puggegård, Klinteby und Kodal. In diesem Gebiet sind drei verschiedene Wege ausgeschildert worden. Egal für welchen Sie sich entscheiden, wichtig ist festes Schuhwerk!

Das gilt ebenso für den reizvollen Spaziergang um Bornholms Nordspitze Hammeren und die schönen Wege direkt an der Westküste, etwa zwischen Saltuna und Bølshavn oder Helligdommen und Gudhjem.

Strände

Bornholms Strände finden sich im Süden der Insel, der Norden ist felsig und zum Baden zu gefährlich. Der Strand ist breit, herrlich weiß, zumeist sehr sauber und strandkorbsowie kurtaxenfrei. Allerdings gibt es auch keinen Hilfsdienst, der ständig über die Badenden wacht (wie die DLRG in Deutschland). Da es aber zum Teil gefährliche Unterströmungen gibt, ist beim Baden besondere Vorsicht geboten.

Eine Einteilung in FKK- und Textilzone gibt es nicht, jeder entscheidet für sich selbst. Ebensowenig gibt es eine Einteilung in Bade- und Surfzone. Da kann es dann manchmal zu gefährlichen Szenen kommen, gerade wenn sich Surf-Anfänger mitten zwischen badenden Kindern auf dem Brett zu halten versuchen.

Wer sich nicht schützend in die Dünen legen mag, sollte auf jeden Fall einen Windschutz dabeihaben, denn mitunter weht es recht kräftig über den Strand.

Balka ■ F 5

Beliebter, im Sommer überlaufener Strand zwischen Snogebæk und Neksø. Die große Beliebtheit resultiert u.a. aus der Nähe zu einem großen Ferienhausareal. Der Strand ist sehr breit, allerdings auch recht ungeschützt. Bei starkem Wind fehlen die Dünen »zum Verstecken«.

Dueodde ■ B 5/F 6

Grob formuliert versteht man hierunter das gesamte Strandgebiet, das im Osten südlich von Snogebæk beginnt, an dem Ort Dueodde vorbeiläuft, Boderne passiert und letztlich erst kurz vor Arnager im Westen ausläuft. Entsprechend groß ist die Wahl der Zufahrtsmöglichkeiten. Während viele Dueodde direkt ansteuern und gerne den fünf- bis zehnminütigen Spaziergang vom Parkplatz bis zum Wasser in Kauf nehmen, wollen andere lieber so dicht wie möglich am Strand parken und entscheiden sich dann für eine der Zufahrten, für die man die Straße Rønne–Snogebæk auf Höhe der Pederskirke oder der Povlskirke verläßt.

Die Länge und Breite dieses Areals, dessen Hinterland von Dünen durchzogen wird, ist so groß, daß man eigentlich immer einen Platz findet. Mit einer Einschränkung – je dichter am Parkplatz, um so schwieriger wird es.

Muleby ■ A 4

Kleiner, schmaler Strandabschnitt nördlich von Rønne, der oft unbeachtet bleibt.

Sandvig ■ B 1

Kleine Strandbucht am Ortsrand unmittelbar an der Schwimmhalle. Kein Vergleich mit dem weitläufigen Strand im Inselsüden, gleichwohl die einzige Möglichkeit hier im Norden.

Wenn die Bornholmer feiern, geht es immer sehr feucht, normalerweise aber auch sehr friedlich zu. Jeder Ort leistet sich ein Sommerfest.

Auch wenn es arg vereinfachend klingt – es gibt auf Bornholm eigentlich nur zwei Arten Feste. Zum einen die Hafen- oder Stadtfeste, die sich auf die Zeit der dänischen Schulferien konzentrieren, also von Mitte Juni bis Anfang August. Alle größeren Gemeinden der Insel feiern, so daß es an Wochenenden durchaus zu Terminüberschneidungen kommt.

Dabei ist der Charakter dieser Veranstaltungen eigentlich immer gleich. Kleine Buden bieten Essen und Trinken, wobei es oft sehr leckere selbstgebackene Kuchen gibt. Bier und Pølser sind natürlich auch stark gefragt. Daneben stehen dann Flohmarktstände (Flohmarkt = dän. loppemarked). Gegen Abend werden diese abgebaut, statt dessen wechselt man ins Festzelt, um zu den Takten einer Band das Tanzbein zu schwingen oder sich einfach mit Bekannten zu treffen und zu unterhalten. Das Ende der Veranstaltung ist ungewiß.

Zweites festliches Ereignis ist Bornholms Musikfestival. Künstler aus aller Welt kommen dann im Sommer auf die Insel und geben an den verschiedensten Orten, oft in den Kirchen, klassische Konzerte.

Daneben gibt es aber noch eine ganze Reihe weiterer Veranstaltungen, die man aktuell bei den Touristenbüros erfahren kann. So gibt es mehrere private Institutionen, die klassische Konzerte veranstalten, ab und zu kommt auch mal eine dänische Rockband vom Festland.

Unzählige Flohmärkte gibt es im Sommer

Juni
Mittsommernacht
Am 23. Juni wird überall auf der Insel der längste Tag des Jahres gefeiert.

Juli
Tierschau
Da trifft sich in Almindingen nicht nur der Landadel, sondern aus der Tierschau wird gleich ein großes Fest.
Erstes Wochenende

Sildefest
Großes Hafenfest in Hasle mit Musik, Tanz und Buden.
Zweites Wochenende

Sommerfest
Ganz Svaneke schwooft das Wochenende durch.
Zweites Wochenende

Sommerfest
Was Hasle und Svaneke können, kann Tejn natürlich auch: Essen, Trinken und Freizeitangebote.
Zweites Wochenende

Blomsterfest
Eines der schönsten Bornholmer Feste in der Blumenstadt Åkirkeby, die sich dann herrlich geschmückt zeigt.
Mitte Juli

Nordlandsmarked
Musik und Tanz rund um den Allinger Hafen.

Havnefest
Gudhjems Hafenfest mitsamt Jahrmarkt und Volkstanz.
Drittes Wochenende

Havnefest
Eines der größten Hafenfeste der Insel findet alljährlich in Snogebæk statt. Hier drängen sich die Massen wirklich.
Drittes Wochenende

Sommerfest
Neksø feiert mit großem Jahrmarkt.
Zweite Julihälfte

Sommerfest
Auch im Binnenland kann man feiern, Østermarie ist das Beispiel.
Letztes Wochenende

Havnefest
Æbleskiver und Kaffee, Fisch und Bier, Arnager feiert.
Letztes Wochenende

Sommerfest
Nachdem Nachbar Svaneke bereits Anfang Juli feierte, ist nun Årsdale dran.
Ende Juli

Wild-West
Ein Wochenende sieht der Rønner Marktplatz aus wie in einem John-Wayne-Film. Alles dreht sich um den Wilden Westen.
Ende des Monats

August
Landsbyfest
Die Festsaison neigt sich dem Ende zu, da strömt die ganze Inselbevölkerung noch einmal für drei Tage in Vestermarie zusammen.
Erstes Wochenende

Allinge bietet einen lebhaften Hafen, eine schöne Kirche, einen russischen Friedhof und interessante Ausstellungen. Unter anderem…

Von den fast miteinander verwachsenen Orten Allinge und Sandvig ist Allinge der beschaulichere. Nicht große Hotels bestimmen das Stadtbild, sondern kleine Pensionen passen sich ein.

Der Ort ist auch etwas geschäftiger. Von Süden her zieht sich die Storegade hinunter zur sehenswerten **Kirche**, von dort führt die Kirkegade hinunter zum **Hafen**. Geschäfte reihen sich aneinander, und auch der Hafen ist mehr auf Einkaufen als auf Promenieren ausgerichtet. In den

Allinge
■ B 2

kleinen Gassen südlich der Kirche findet man wunderschön erhaltene Häuser.

Westlich der Kirche kommt man über die Pilegade zum **russischen Friedhof** und begegnet so der jüngeren Bornholmer Historie.

Allinge fehlt das mediterrane Flair Sandvigs, die Größe Rønnes und das Puppenstubenähnliche Svanekes. Allinge hat von all diesen Elementen etwas und mischt sich daraus seinen eigenen Charakter.

Die Felszeichnungen auf Madsebakke geben immer noch Rätsel auf

Hotels und andere Unterkünfte

Byskrivergården
Tolle Lage unmittelbar am Wasser, zentral und dennoch ruhig. Modern und zugleich sehr gemütlich eingerichtet, wunderschöner Innenhof.
Løsebækgade 3
Tel. 56 48 08 86
21 Zimmer
Untere/Mittlere Preisklasse

Danchelhus
Hübsches kleines Hotel an der Straße nach Sandvig. Moderne, helle Zimmer, sehr persönlicher Service, im Garten Restauration.
Havnegade 38
Tel. 56 48 22 18
7 Zimmer
Untere Preisklasse

Grønbechs Hotel
Einfaches, gutbürgerliches Haus in unmittelbarer Hafennähe.
Vinkelstræde 2
Tel. 56 48 00 36, Fax 56 48 22 36
24 Zimmer
Mittlere Preisklasse

Pension Klostergården
Gemütliche kleine Pension in Hafennähe, ruhige Lage und geschmackvolle Einrichtung.
Østergade 7
Tel. 56 48 01 67
27 Zimmer
Untere Preisklasse

Pension Næsgården
Zu dieser ruhig gelegenen Pension gehört ein hervorragendes Café.
Løsebækgade 20
Tel. 56 48 02 18
11 Zimmer, 2 Apartments
Untere Preisklasse

Die Allinge Kirche thront über dem Ort

Pension Slægtsgården
Solide, saubere Zimmer, modern gestaltet, hübscher Garten.
Østergade 3
Tel. 56 48 17 42
25 Zimmer
Untere Preisklasse

Sehenswertes

Allinge Kirke
Die Kirche wurde ursprünglich um 1500 herum gebaut. 1865, insbesondere aber 1892 wurde das Gebäude erheblich umgestaltet. So wurde etwa ein Teil des Langhauses abgerissen und durch ein Querschiff samt Chor ersetzt. 1992 wurde der Innenraum renoviert und neu gestaltet.
Kirkegade
Mo–Sa 8–16.30 Uhr

SEHENSWERTE ORTE UND AUSFLUGSZIELE

Bornholms Dyre-og Naturpark
Früher schlecht beleumundet, ist der Tierpark heute eine gute Alternative für einen strandfreien Tag. Besondere Attraktion ist das Zesel, eine Mischung aus Zebra und Esel. Borrelyngvej 45 (an der Straße zwischen Hasle und Hammershus).

Madsebakke
Die größte dänische Sammlung von Zeichen aus der Bronzezeit, die in Steine geritzt wurden (Helleristninger). Manche Zeichen sehen wie Schiffsbilder aus, andere erinnern an Radkreuze oder Fußabdrücke. Folgen Sie an der Straße von Allinge nach Sandvig der Ausschilderung »Helleristninger«.
Stadionvej

Den russiske Kirkegård
Auf dem russischen Friedhof findet man Gräber aus der Nachkriegszeit, als die sowjetischen Truppen fast ein Jahr auf Bornholm waren.
Pilegade

Essen und Trinken

Restaurant Algarve
Gutes Restaurant in der Hafenzeile. Die Speisekarte variiert je nach Marktlage, tendenziell halten sich Fisch und Fleisch die Waage.
Havnegade 9
Tel. 56 48 11 08
Mo–Fr 11–15 und 17–21,
Sa 15–21 Uhr
Mittlere/Obere Preisklasse

Allinge Røgeri
Modernisierte, geschmackvoll gestaltete Räucherei unmittelbar am Wasser. Jeden Abend von 18–20 Uhr großes Fischbüffet. Warum allerdings die Klotüren nur Milchglas erhielten und somit ein jeder bei der Verrichtung eines menschlichen Bedürfnisses beobachtet werden kann, bleibt unaufgeklärt.
Sverigesvej 5

Restaurant Bornøe
Gemütliches Restaurant zu Füßen der Kirche, zu den Spezialitäten gehören Beefsteak und mit Krabben gefüllter Steinbutt.
Kirkepladsen 1
Tel. 56 48 00 42
Tgl. 11–24 Uhr
Mittlere/Obere Preisklasse

Mittwochs ist in Allinge Markttag

Hut-li-Hut
Kleine Karte, auf der Fleisch domi-
niert, Terrasse.
Lindeplads 1
Tel. 56 48 10 29
Di–So 11–2 Uhr
Mittlere Preisklasse

Pilekroen
Solide Stube, unter Einheimischen
sehr beliebt. Billiardtisch, Livemusik.
Pilegade 8
Tel. 56 48 06 34
Tgl. 10–2 Uhr
Mittlere Preisklasse

Restaurant Toldkammeret
Vernünftiges Preis-Leistungs-Ver-
hältnis in diesem ordentlichen Re-
staurant, von dessen Terrasse man
den Blick auf den Hafen genießen
kann.
Havnegade 19
Tel. 56 48 19 15
Tgl. 10–21 Uhr
Mittlere/Obere Preisklasse

Einkaufen

Allinge Pottemageri
Solide, aber nicht sonderlich aufre-
gende Gebrauchskeramik.
Skolegade 3

Galleri 17
Diese Galerie an der Hafenzeile
zeigt permanent ca. 200 dänische
Gemälde.
Havnegade 17

Det Gamle Lysestøberi
Hier gibt es Porzellan und Körbe,
Leuchter und dekorativen Pflanzen-
schmuck, vor allem aber jede Menge handgeformte oder handgegos-
sene Kerzen.
Kirkestræde

Det Gamle Pakhus
Kerzen, Souvenirs, maritime Klei-
dung und sehr schöne Stoffe, eines
der interessantesten Geschäfte in
Allinge.
Havnegade 2

Granit & Garn
Wer sich Schmuck aus Bornholmer
Granit kaufen möchte, ist hier si-
cherlich richtig.
Havnegade 21

Kampeløkken
Wer nicht quer über die Insel von
Keramiker zu Keramiker fahren
möchte, sondern zunächst eine
Orientierung braucht, tritt hier ein.
Denn in diesem ehemaligen Kino
finden Sie einen Querschnitt durch
die Arbeit der verschiedenen Born-
holmer Keramiker. Eine ebenfalls
dort erhältliche Karte weist Ihnen
dann den Weg zu genau jenem
Keramiker, der Ihnen in der großen
Auswahl am besten gefallen hat.
Havnegade 45

Kunsthandværkercafeen 10'eren
Cowboyutensilien, Malerei und
Keramik im vorderen Geschäftsteil,
hinten und im Garten gibt es ein
Café.
Nørregade 10

Nordbornholms Røgeri ApS
Wer abends frischen Fisch braten
oder kochen möchte, muß zuerst
hierher.
Kæmpestranden 2

Service

Nordbornholms Turistbureau
Kirkegade 4
3770 Allinge
Tel. 56 48 00 01, Fax 56 48 02 26

Ausflugsziele

Olsker ■ B 2

Olsker ist ein einfaches Dorf an der Straße von Klemensker nach Allinge. Daß dennoch so viele Menschen den Weg hierhin finden, liegt zweifelsohne an der Rundkirche.

Sehenswertes

Olskirche
Die Olskirche ist schlanker als die anderen drei Bornholmer Rundkirchen und wirkt dadurch deutlich höher, auch wenn die Østerlarskirche genauso hoch ist. Reizvoll ist der Besuch der Kirche auch für Kinder, da man in der Außenwand nach oben gehen kann, um dann den tollen Blick über die Insel zu genießen.

 Im unteren Stockwerk betritt man zunächst den Kirchenraum. Der beinahe zarte Eindruck von außen bestätigt sich hier, der Mittelpfeiler ist deutlich schlanker als etwa in Østerlars. Vom Chor aus geht es durch eine sehr enge Tür hinauf in den ersten Stock, der früher als Magazin diente. Richtig aufregend wird es im zweiten Stock. Man muß sich nur vorstellen, daß hier einst das Dach fehlte, zugleich aber feindliche Truppen den Turm belagerten, dann wird einem der militärische Charakter wirklich bewußt. Erst im Mittelalter wurde das Dach aufgesetzt. Der Glockenturm steht separat.
Mai–Sept. Mo–Sa 9–12, 14–17 Uhr
Eintritt 4 DKK

Einkaufen

Olsker Antik
Ein Trödler im allerbesten Sinne. Hier ist es zum Teil noch wunderbar chaotisch, man muß sich selbst durchwühlen. Dafür gibt es auch vernünftige Preise.
Rønnevej 54
Mi–So 10–17 Uhr

Sandkås ■ B 2

Als Ort kaum erwähnenswert, eher als Hotel-Außenstelle Allinges zu bezeichnen.

Hotels und andere Unterkünfte

Hotel Abildgård
Großzügige, innen wie außen sehr gepflegte Anlage, innen auffällig hell, sehr freundlicher Service. Spielplatz.
Tejnvej 100
Tel. 56 48 09 55, Fax 56 48 08 35
83 Zimmer
Obere Preisklasse

Hotel Friheden
Schöner, moderner Bau unmittelbar an der Straße. Im erstklassigen Restaurant wird viel mit biologisch-dynamischen Ingredenzien gearbeitet.
Tejnvej 80
Tel. 56 48 08 86, Fax 56 48 16 65
56 Zimmer, 10 Apartments
Obere Preisklasse

Hotel Klintely
Gediegenes, absolut ruhig gelegenes und sauberes Hotel.
Klinteløkken 9
Tel. 56 48 10 34, Fax 56 48 10 02
24 Zimmer, 13 Apartments
Mittlere Preisklasse

Hotel Sandkås
Moderner Bau an der Durchgangsstraße, Terrasse oder Balkon sind Richtung Meer gebaut.
Tejnvej 72–74
Tel. 56 48 08 95, Fax 56 48 08 72
38 Zimmer
Mittlere Preisklasse

Tejn ■ C 2

Tejn ist ein sehr lebendiger, allerdings kaum romantischer Ort. Seine Blüte verdankt der Ort dem Fischereihafen, dem zweitgrößten an der Bornholmer Ostküste (nach Neksø).

Sehenswertes

Stammershalle
Auf Höhe des Hotels Stammershalle befindet sich auf der anderen Straßenseite eine der interessantesten Steinsetzungen der Insel.
Auf einem Grab aus der Eisenzeit stehen Bautasteine, umgeben von einem Steinkreis. Außerdem noch weitere Steinformationen und ein Grabhügel.

Tejn Kirke
Die Kirche kontrastiert stark zu allen anderen der Insel. Kein Wunder, wurde sie doch erst 1940 erbaut. Beachtenswert ist das aus Granitblöcken gestaltete Taufbecken.
Mo–Sa 7.30–17 Uhr

Essen und Trinken

Skipperkroen
Rustikale Gemütlichkeit, mittags sehr gute Smørrebrødauswahl, abends Fisch in zahlreichen Variationen.
Havnen
Tel. 56 48 11 85
Tgl. 12–22 Uhr
Mittlere Preisklasse

Restaurant Sol & Vind
Nüchtern und solide, ordentliche wie effektive Küche, eines der Bornholmer Niedrigpreisrestaurants, auch mit vegetarischen Gerichten.
Ndr. Strandvej 2
Tel. 56 48 22 30
Tgl. 12–22 Uhr
Untere Preisklasse

Einkaufen

Palles Antik & Genbrug
Viel Antik-Ramsch, den es aber keineswegs hinterhergeworfen gibt.
Havnevej

Die Steinsetzung bei Stammershalle

Dänemarks östlichstes Fleckchen Erde heißt offiziell »Ertholmene«, Erbseninseln. Knapp 130 Menschen leben hier. Ziel für einen Tagesausflug.

Christiansø und Frederiksø
■ F 1

Gleich aus drei Richtungen, nämlich Allinge, Gudhjem und Svaneke, kommen im Sommer die Boote, um Tagesurlauber nach Christiansø zu bringen. Dicht an dicht stehen die Menschen an Bord, und ebenso gut gefüllt fahren sie am Abend auch wieder zurück, denn bleiben dürfen die allermeisten hier nicht.

Die Erbseninseln, wie die gesamte Inselgruppe eigentlich heißt, besteht aus Christiansø, Frederiksø, Græsholm, Tat, Ve-

sterskær und Østerskær. Dabei besitzen die drei letztgenannten nur Felscharakter, während Græsholm ein Vogelschutzreservat ist und nicht betreten werden darf.

Besiedelt sind also nur Christiansø und Frederiksø, und so nimmt es nicht wunder, daß man umgangssprachlich weniger von den Erbseninseln, also Ertholmene, spricht, als vielmehr die größte Insel als Synonym benutzt – Christiansø.

Im Festungsturm von Frederiksø befindet sich das Heimatmuseum

Unter Leitung des norwegischen Architekten Oberst Coucheron wurde 1684 mit der Befestigung der Inselgruppe begonnen. Sie sollte zum Flottenstützpunkt inmitten der Ostsee werden. Als die Mauern sich 1808 englischer Kanonen erwehren mußten, waren sie allerdings hoffnungslos überfordert. Die Waffen waren inzwischen sehr viel durchschlagskräftiger geworden, als man sich das Ende des 17. Jahrhunderts so vorgestellt hatte. Nach fünfstündigem Bombardement hätten die Engländer die Inseln besetzen können, verzichteten aber darauf.

Am 2. Mai 1855 verlor die Inselgruppe ihren militärischen Status, der letzte Soldat zog 1863 ab. Heute leben hier ca. 130 Menschen, Autos und Fahrräder sind nicht zugelassen, wie übrigens auch Katzen und Hunde nicht. Bei einer Größe von 710 x 430 Metern (Christiansø) bzw. 440 x 160 Metern (Frederiksø) sind Fortbewegungsmittel wohl aber auch nicht überlebensnotwendig. Die Erbseninseln stehen unter direkter Verwaltung des Kopenhagener Verteidigungsministeriums.

Wer zügig über die Insel wandert, hat nach 30 Minuten alles gesehen, auch wer nur gemächlich schlendert, ist nach einer Stunde fertig. Und dann? Man kann sich auf die Terrasse der »Gæstgiveriet« setzen, den Seglern zuschauen oder, was hier besonders interessant ist, biologische Studien betreiben. So wachsen hier Feigenbäume ebenso wie Maulbeer- oder Walnußbäume. Noch spannender ist aber das Vogelleben. Man kann via Fernglas Turmfalken, Eiderenten und Trottellummen, vor allem aber Silbermöwen auf Græsholmen beobachten.

Und es fallen die Vogelnetze auf Christiansø auf. Die dienen allerdings nicht zu kulinarischen, sondern zu rein wirtschaftlichen Zwecken. Die Vögel erhalten Ringe und können dann gleich weiterfliegen. So erhält man Kenntnisse über die Reisewege der Vogelschwärme. Sie sollten Netze und Vögel auf keinen Fall berühren.

Für viele Besucher sind die Erbseninseln die absolute Idylle. Anderen reicht der Tagesbesuch. Denn so reizvoll es hier im Sommer auch ist, so mag sich der besorgte Städter doch fragen, ob es hier nicht außerhalb der Saison schrecklich einsam ist. Die schönste Antwort findet man auf den Servietten in dem Lokal »Gæstgiveriet«, das unmittelbar über dem Anleger thront (Originaltext!):

»Was wir im Winter machen? Dasselbe wie Du: Wir lesen ein Buch, besuchen Freunden und Bekannte. Wir haben unsere Bibliotek, Gesangverein, Schützenverein, und das Wichtigste: Gemeinschaft. Und wir haben einen Vorteil den Du nicht hast, wir haben 125 Freunden und Bekannte zu besuchen. Was hast Du? Wir sind nicht einsam. Wir leben prachtvoll auf unseren Inseln, und Du kannst uns beneiden.«

Rundgang

Am besten erschließen sich die beiden Inseln auf einem Rundgang. Man geht vom Anleger zunächst rechts in Richtung der langen gelben Gebäude, die einst als Kasernen dienten und heute, bei entsprechendem Licht, ein tolles Fotomotiv abgeben. Rechter Hand erkennt man die zahlreichen Schießschanzen, **Batterien** genannt. Im südlichen Drittel der Insel findet man kaum Bebauung, sondern fast nur Befestigungsanlagen. Von der Batterieanlage an der Ostküste, Bielkes Batterie, erkennt man den Felsen **Østerskær**, östlichsten Punkt Dänemarks.

Christiansø und Frederiksø

300 m

Sehesteds Batteri

Gyldenløves Batteri

Rantzaus Batteri

Lille Tårn

Lilletårns Brønd

Salomons Brønd

Hertugindens Batteri

Kirke

St. Hans Port

Nyhavns Batteri

Svingbro

Store Tårn

Kongens Have

Kildendals Port

Bielkes Batteri

Kommandantens Have

Spanns Batteri

Kirkegård

Bielkes Port

Store Brønd

Juels Batteri

Møllebakken 22m

Frederiksø

Svendsens Brønd

Hoffmans Port

Kongens Batteri

Dronningens Batteri

N

Christiansø

Kirche
Leuchtturm
Sehenswürdigkeit
Grünfläche
Friedhof

Dann geht es ein wenig ins Inselinnere. Ein schöner kleiner Teich, **Salomons Brunnen**, dann folgt der kleine Zeltplatz, auf dem man sich nicht vorher anmelden kann. Statt dessen gilt, wer zuerst kommt, darf auch zuerst zelten. Und ist der Platz dann voll, muß man mit der Fähre wieder zurück. Weitere Batterien folgen, und schon ist man wieder an der Westküste und schreitet hinauf zur Kirche.

Von ihr sind es nur wenige Schritte bis zum Imbiß (Hotdogs, Eis, Souvenirs), dem schon erwähnten Lokal »Gæstgiveriet«, dem Kaufmannsladen oder dem Store Tårn (Großer Turm).

Über die **Hängebrücke** können Sie nun auf die Nachbarinsel **Frederiksø** hinübergehen, von der man einen guten Blick auf Græsholmen hat. Sie halten sich ebenfalls rechts und kommen bald zu einer ersten Fisch-Boutique, wo Sie eingelegten Hering kaufen können. Nächste Station ist der **Lilletårn**, der heute das Heimatmuseum beherbergt.

Von hier aus geht es an der Westküste des Inselchens weiter, an Schanzen wie Nyhavns Batterie und Todenskjolds Batterie vorbei.

Zum guten Schluß kommen Sie noch an den Kanonenbootschuppen vorbei, auch hier können Sie eingelegte Heringe in dem charakteristischen roten Töpfchen erwerben **(Christiansøsild)**. Nebenbei: Selbstverständlich führen auch die Bornholmer Fischgeschäfte diesen Fisch. Der Rundgang ist beendet.

Sehenswertes

Kirche
Die Kirche war ursprünglich eine Waffenschmiede, erst 1852 wurde sie zum Gotteshaus. Der freistehende Glockenturm wurde 1927 errichtet.

Store Tårn
Der mächtige Turm fungierte bereits seit 1805 als Leuchtturm. Er war einst als Herz der Festungsanlage gedacht. Man kann den Turm be-

Sehr solide wurde im Inselinneren gebaut

steigen und dann die herrliche Sicht weit über das Meer und hinüber nach Bornholm genießen. Die Glaskugel am Geländer ist übrigens ein Sonnenstundenmesser.
Eintritt Erwachsene 4 DKK, Kinder 2 DKK

Museum

Im Lilletårn, dem kleinen Turm, auf Frederiksø ist das Heimatmuseum eingerichtet. Es erzählt von Flora und Fauna der Inseln, natürlich vom schweren Leben der Fischer, aber auch von wichtigen historischen Ereignissen. Ein interessanter Besuch, weckt er doch mehr Verständnis für die Härte des Insellebens.
15. Mai–Sept. Mo–Sa 12–16, So 12–14 Uhr
Eintritt Erwachsene 10 DKK, Kinder 5 DKK

Essen und Trinken

Gæstgiveriet
Das gemütliche Lokal oberhalb des Fähranlegers ist in der Hauptsaison natürlich hoffnungslos überlaufen. Trotzdem bleibt die Bedienung gefaßt und trägt mit gleichbleibender Freundlichkeit das Essen auf. Besonders lecker ist der kleine Fischteller des Hauses, auf dem verschiedene Fischsorten mit Brot und Butter serviert werden. Natürlich gibt es auch Kaffee und Kuchen. Im oberen Teil des Hauses gibt es auch vier einfache Gästezimmer.
Tel. 56 46 20 15
Mittlere Preisklasse

Service

Fährverbindungen
Es gibt drei Fährverbindungen. Jede Rückfahrt ist zeitlich einer Hinfahrt zugeordnet, der man sich anschließen muß.

Allinge – Christiansø
Mai–Sept. tgl. 13 Uhr, zurück 16.20 Uhr, Fahrtzeit 90 Min.
Gudhjem – Christiansø
Mai–Aug. Mo–Sa. 10.20 Uhr, zurück 14.20 Uhr, Mitte Juni–Aug. zus. Mo–Sa 9.40 bzw. 12.15 Uhr, zurück 13.45 bzw. 16.10 Uhr, Ende Juni–Aug. zus. So 10.20 bzw. 12.30, zurück 14.20 bzw. 16.20 Uhr, Fahrtzeit 1 Stunde
Svaneke – Christiansø
Tgl. 10 Uhr, zurück 14,.30 Uhr, im Winterhalbjahr nur So–Fr, Fahrtzeit 90 Min.
Fahrpreis Erwachsene 115 DKK, Kinder 4–11 Jahre 60 DKK

Früher wohnten in diesen Häusern Soldaten

Kein Bornholmer Ort übt auf die Besucher einen größeren Reiz aus. Parkplätze sind hier im Sommer Mangelware. Aber auch die Umgebung ist äußerst reizvoll.

Man kann Neksø mögen oder auch nicht, von Rønne angezogen werden oder auch nicht – Gudhjem, Gottesheim, kann man sich wohl nicht entziehen.

Wie sonst wäre zu erklären, daß der Ort an der Ostküste im Sommer so hoffnungslos überrannt wird. Parkplätze sind selten. Radfahrer müssen bereits am Ortseingang absteigen. Denn Gudhjem fällt steil zum Meer hin ab. Radfahrer, deren Bremsen versagen, würden unweigerlich im Hafenbecken landen. Dadurch, daß Gudhjem zur einen Seite vom Meer begrenzt wird, zur anderen durch steil aufragende Felsen, wirkt das Ortsbild geschlossen. Vielleicht ist es dieses

Gudhjem
■ D 3

Abgeschlossensein, was die Besucher begeistert. Denn die Fische schmecken hier nicht anders als in Svaneke, die Ostseebrandung bricht nicht weniger faszinierend als in Jons Kapel, die Farben sind nicht weniger reizvoll als in Rønne. Oder doch?

Es müssen die Farben sein, die Gudhjems Reiz begründen. Schließlich hat es noch sämtliche Maler hier hingezogen, einheimische wie zugereiste. Das Bornholmer Licht ist sagenumwoben. Immerhin streift der 15. Längengrad Gudhjem, weshalb die Sonne nirgendwo sonst in ganz Dänemark um die Mittagszeit so exakt im Zenit steht wie eben hier. Klar auch, daß man hier stolz

Blick über Gudhjem

SEHENSWERTE ORTE UND AUSFLUGSZIELE

statt von der Mitteleuropäischen Zeit von der Gudhjemer Zeit spricht.

Oluf Høst, Bornholms berühmtester Maler dieses Jahrhunderts, ist von Svaneke hier hingezogen. Nicht zuletzt des Lichtes wegen. **Gustaf Munch-Petersen**, eine der größten literarischen Hoffnungen des dänischen Königreiches in den Dreißigern, zog es in jungen Jahren nach Gudhjem. Doch er blieb nur wenige Jahre, um dann als Freiwilliger auf Seiten der Republikaner in den Spanischen Bürgerkrieg zu ziehen. 1938 starb er dort, nur 26 Jahre alt.

Und schließlich stand hier auch die Wiege der berühmten **Bornholmer**. Fischer brachten diese besondere Heringszubereitung von den nahen Erbseninseln mit, wo man sie von den Schotten erlernt hatte.

Doch wo viel Licht ist, bildet sich allmählich auch so mancher Schatten. Gudhjem hat, in den Augen vieler Stammbesucher, verloren. An Charme, an Atmosphäre. Die reizvollen Boutiquen entlang der Åbogade und der Brøddegade sind gesichtslosen Souvenirshops gewichen. Die Faszination Gudhjems ist auf Svaneke übergegangen.

Gudhjem

200 m

Østersøen

Gudhjem

⭐ 3	Top Ten
P	Parkplatz
i	Information
⚒	Windmühle
✝	Kirche
☀	Aussichtspunkt
▨	Sehenswürdigkeit, öffentl. Gebäude
▨	Grünfläche
✝✝✝	Friedhof

Hotels und andere Unterkünfte

Casa Blanca
Recht schlichtes Haus oberhalb des Ortes, ordentlich geführt und mit – je nach Zimmerlage – schönem Blick über Gudhjem.
Kirkevej 10
Tel. 56 48 50 20
35 Zimmer
Mittlere Preisklasse

Pension Klippen
Familiär geprägte Pension auf einer Anhöhe am Hafenrand. Nach der 1992 durchgeführten Renovierung nun von freundlicher Schlichtheit. Toller Blick auf das Meer.
Grevensdal 50
Tel. 56 48 54 15, Fax 56 48 52 10
24 Zimmer
Mittlere Preisklasse

Therns Hotel
Unmittelbar im Zentrum gelegenes Hotel mit ordentlichen, funktionalen Zimmern, teils mit Blick aufs Meer, teils mit Gartenblick. Ein sehr einfaches Restaurant gehört zum Haus.
Brøddegade 31
Tel. 56 48 50 99
30 Zimmer
Mittlere Preisklasse

Sehenswertes

Bokul
50 m erhebt sich dieser Felsen über Gudhjem. Man hat von hier eine wunderbare Aussicht über den Ort und bei gutem Wetter sogar bis hinüber zu den Erbseninseln. Vom Hafen aus erreichbar über Åbogade, Holkavej und Bokulvej.

Gudhjem Kirke
Die heutige Gudhjemer Kirche sieht aus wie die in Østermarie oder Rø. Denn auch sie entstand Ende des letzten Jahrhunderts, als viele Kirchen der Insel für zu klein befunden und deshalb abgerissen wurden. Von ihrer Vorgängerin, der St. Anna Kapelle, sind noch nebenan die Grundmauern zu sehen. Die jetzige Kirche wurde 1893 eingeweiht. Schmuckstück ist die Altartafel aus der alten Kirche, die um 1475 entstanden sein soll.
Lillevang
Mitte April–Mitte Okt. Mo–Sa
8–16 Uhr

Museum

Gudhjem Museum
Das Museum ist im ehemaligen Bahnhofsgebäude am südlichen Ortseingang untergebracht, mittlerweile gibt es auch einen modernen Anbau. Es existiert seit 1969 und zeigt heute wechselnde Ausstellungen, die auf die eine oder andere Weise mit der Insel- und der Ortsgeschichte verknüpft sind.
Stationsvej 1
Mitte Mai–Mitte Sept. Mo–Sa
10–16, So 14–17 Uhr
Eintritt 10 DKK

Essen und Trinken

Bokulhus
Viel Fisch, etwas Fleisch und auch vegetarische Gerichte, stilvoll und gekonnt serviert mit schönem Blick Richtung Christiansø. Eines der exklusivsten Bornholmer Restaurants.
Bokulvej 4
Tel. 56 48 52 97
Tgl. 11.30–22 Uhr
Obere/Luxusklasse

SEHENSWERTE ORTE UND AUSFLUGSZIELE

Gudhjem Røgeri

Hier begann der »Bornholmer« vor über 100 Jahren seinen Siegeszug über die Insel. Natürlich kann man auch heute noch den Fisch aus dem Rauch essen. Abends gibt es von 18–20 Uhr Fisch, soviel Sie vertragen.
Ejnar Mikkelsensvej 9
Tel. 56 48 57 08
Öffnungszeiten Tgl. 10–21 Uhr

Pandekagerhuset

Bistro mit Waffeln, Sandwiches und natürlich Pfannkuchen mit verschiedenen Füllungen, ideal für die kleinen Hunger zwischendurch.
Brøddegade 15
Untere Preisklasse

Restaurant Venezia

Sehr gemütlicher Italiener, natürlich mit Pizza, aber auch verschiedenen Fleisch- und Fischgerichten. Achten Sie beim Fisch auf den Tagesfang!
Brøddegarde 33
Tel. 56 48 53 53
Tgl. 17–22.30 Uhr
Mittlere/Obere Preisklasse

Einkaufen

Baltic Sea Glass

Ein Stück südlich von Gudhjem steht ein weiterer Bornholmer Glasbläserbetrieb. Auch hier kann man der Produktion beiwohnen. Dank der großzügigen Räume hat man hier auch weniger die Befürchtung, gleich etwas umzustoßen. Aber vielleicht ist die Großzügigkeit auch Schuld, daß alles hier »industrieller« wirkt als etwa bei Pernille Bülow in Svaneke.
Melstedvej 47

Glasrøgeri

Immer Hochbetrieb herrscht in dieser Glasbläserei am Hafen sicherlich nicht zu Unrecht. Vorsicht nur bei den Bewegungen, es ist recht eng.
Ejnar Mikkelsensvej 13a
Im Jan. geschl.

Hvide Hus

Nicht in Gudhjem, sondern im einige Kilometer weiter südlich gelegenen Saltuna finden Sie den wohl auf der Insel größten Querschnitt durch dänisches Design. Ob Keramik, Glas oder Spielzeug, hier ist alles zu finden. Nur Sonderangebote nicht.
Randkløvevej 15
Saltuna

In Gudhjem entstanden die ersten Heringsräuchereien

Kramkjistan
Mischung aus Souvenirshop, etwas
Klamotten und viel Schmuck. Noch
eine der besseren Boutiquen der
Stadt.
Brøddegade 26

Per Rehfeldt
Einer der bekanntesten Keramiker
der Insel mit seiner kleinen Ausstel-
lung. Für die Keramikfabrik Søholm
hat Rehfeldt das bemerkenswerte
Åbo-Service entworfen.
Kastanievej 8
Tgl. 11–13 und 15–18 Uhr

Service

Bootsfahrt
Mit der Thor kann man sehr schöne,
eindrucksvolle Fahrten an der Küste
bis hin zu den Helligdomsklipperne
unternehmen. Das Boot fährt dabei
in die Höhlen hinein, die das Wasser
in die Klippen gegraben hat. Man
sollte sich jedoch unbedingt vorher
informieren, ob die Fahrten tatsächlich stattfinden, da Wind und Wetter
diesem Vorhaben oft ein vorzeitiges
Ende bereiten.
11. Juni–24. Juni, 16. Aug.–9. Sept.
tgl. 10.30, 13.30, 14,30;
25. Juni–15. Aug. tgl. 10.30, 13.30,
14.30, 15.30 Uhr; Abfahrt ab Helligdommen jeweils 30 Min. später;
11.–25. Aug. Di, Do, 25. Juni–
10. Aug. tgl. Abendfahrten 19.15
Uhr ab Gudhjem
Fahrtkosten 50 DKK
Tel. 56 48 51 65 oder direkt bei
»Søren's Snackbar« am Hafen in
Gudhjem

Gudhjem Turistbureau
Åbogade 9
3760 Gudhjem
Tel. 56 48 52 10

Ausflugsziele

Døndalen ■ C 2

Nur 6 km nördlich von Gudhjem
rauscht an der Straße nach Allinge
linker Hand versteckt im Wald Dänemarks größter Wasserfall, Døndalfal-
det. Die Fallhöhe beträgt 22 m.
   Zum Wasserfall gelangt man vom
Parkplatz aus in ca. 10 Min. auf
einem ausgeschilderten Waldweg.
Sie durchstreifen auf dem Weg
dorthin Døndalen, das Donnertal.
Schon der Weg durch dieses Spaltental ist von großem Reiz. Der
Anblick des Wasserfalls ist weniger
wegen der Höhe faszinierend, sondern aufgrund der Kenntnis, daß er
eben Dänemarks Nr. 1 ist.

Melsted ■ D 3

Melsted ist ein kleiner, unscheinbarer Ort unmittelbar südlich von Gudhjem, geprägt durch ein paar hübsche Häuser, Campingplatz und
Hotels. Ein Spazierweg führt vom
Gudhjemer Hafen aus dorthin. In
jedem Fall lohnt ein Stopp, befindet
sich doch hier ein äußerst interes-
santes Museum.

Museum

Landbrugsmuseum Melstedgård
Das sehr eindrucksvolle Landwirt-
schaftsmuseum gibt einen Einblick
in die bäuerliche Kultur, zeigt den
Jahresverlauf auf Hof und Acker und
präsentiert alte Gerätschaften. Am
Wochenende gibt es dann noch Ver-
anstaltungen wie etwa Volkstanz.
Melstedvej 25
Mitte Mai–Sept. Di–So 10–17 Uhr
Eintritt 20 DKK

Dänemarks höchster Wasserfall befindet sich im Døndalen

Rø
■ C 3

Rø teilt das Schicksal so vieler Bornholmer Binnenorte. Man nimmt sie nur zur Durchfahrt wahr, weil man unbedingt in die vermeintlich attraktiveren Küstenstädte will. Doch gerade Rø würde man unrecht tun. Ein kleiner Flugplatz, von dem aus man Flüge über Bornholm buchen kann, ein reizvoller Golfplatz, ein schönes Waldgebiet Richtung Westen, eine interessante Kirche, vor allem das Kunstmuseum an der Küste und die Klippenpartie Helligdommen – Rø's Umgebung besitzt durchaus ihre Reize.

Sehenswertes

Helligdomsklipperne
Eine der bekanntesten Bornholmer Klippenpartien sind die Helligdomsklipperne, Heiligtumsklippen, die sich nahe des Kunstmuseums senkrecht aus dem Meer erheben. Links und rechts von ihnen gibt es noch Höhlen, die in die Felsen gewaschen worden sind und die man am besten per Boot von Gudhjem aus erkundet (→ Gudhjem, Service).

Rø Kirke
Wie in Gudhjem, so wurde auch diese Kirche vor gut 100 Jahren für abreißenswert gehalten. Die neue Kirche war 1888 fertiggestellt. Ein Teil des Inventars ist in die neue Kirche überführt worden.
Mo–Sa 8–18 Uhr

Museum

Bornholms Kunstmuseum
TOPTEN 3

Man wird sofort an andere moderne dänische Museumsbauten erinnert. Von außen eher abstoßend, innen lichtdurchflutet und mit einer eigenen, faszinierenden Architektur. Bornholm und seine Künstler stehen im Zentrum der Schau. Wobei die Bornholmer Künstler nicht unbedingt immer die Insel zum Motiv hatten. Hier begegnet man Kristian Zahrtmann, Oluf Høst, Poul Høm und anderen. Von einem Aussichtsturm kann man bis nach Christiansø blicken, Wanderwege durchziehen die Umgebung.
Helligdommen
April–Okt. tgl. 10–17, Nov.–März Di, Do, So 14–17 Uhr
Eintritt 20 DKK

Sonntags ist oft Volkstanzzeit in Melsted

Essen und Trinken

Restaurant Rø
Eine der besseren Adressen der Insel, rustikal und gepflegt. Über Mittag gibt es nur kleine Imbisse, am Abend wird dann frischer Fisch gekonnt zubereitet, auch Fleischliebhaber kommen auf ihre Kosten.
Røvej 51
Tel. 56 48 40 38
Tgl. 9–22 Uhr
Mittlere/Obere Preisklasse

Østerlars ■ D 3

Eine Durchgangsstraße, ein paar Häuschen, mehr bietet Østerlars nicht. Dennoch ist der Ort eines der begehrtesten Ziele auf der Insel, steht hier doch die massivste der Bornholmer Rundkirchen.

Sehenswertes

Østerlarskirke
Schon auf den ersten Blick wirkt diese Rundkirche größer als die drei anderen. Und dennoch ist sie nicht höher als die Olskirke. Im Unterschied zu den anderen ist aber ihr Mittelpfeiler hohl, so daß man ihn früher zu Lagerzwecken nutzen konnte. Da man hier, wie in Olsker, auch in die oberen Stockwerke klettern kann, kann man den früheren Nutzungsaspekt gut nachvollziehen.

Im Inneren herausragend: die Malereien auf dem Mittelpfeiler. Im 14. Jh. entstanden, wurde sie während der Reformation übermalt und erst 1889 wieder freigelegt. 1958 folgte eine Renovierung.
Mo–Sa 9–17 Uhr
Eintritt 3 DKK

TOPTE 6

Keine Rundkirche hat einen so mächtigen Innenpfeiler wie die Østerlarskirke

Bornholm besitzt attraktivere Städte, doch Hafenatmosphäre und eine wunderschöne Umgebung lassen Hasle mehr als nur Durchgangsstation sein.

Hasle

■ A 3

Wer um Bornholms Historie nichts weiß, spürt den Hauch der Geschichte nicht, der über der Stadt liegt. Im riesigen Rathaus (am Markt) trafen sich 1658 die Widerständler, die die schwedischen Besatzer von der Insel vertreiben wollten, um ihren Plan zu beschließen. (→ Rønne, Sandvig/Hammershus). Immerhin hat man den Aufständischen zu Ehren 1908 einen Gedenkstein vor dem Rathaus errichtet. Ansonsten könnte man Hasle böswilligerweise auch als eine einzige Durchgangsstraße bezeichnen. Doch das würde zu kurz greifen, denn gerade der Hafen hat in den letzten Jahren an Atmosphäre gewonnen. Er ist größer, lebhafter geworden, die **Heringsräucherei** hat nach langen Jahren endlich wieder geöffnet. Im Süden der 1 400-Seelen-Stadt erstreckt sich ein wunderschönes **Waldgebiet**, im Norden beginnt die **Klippenküste** mit verträumten Orten. Außerdem lohnt noch zweierlei: die kleine **Kirche** und das **Museum** für den Opernsänger **Vilhelm Herold**.

Idylle am Hasler Hafen

Hotel

Hotel Herold
Prächtig oberhalb des Hafens gelegen. Nach einer Renovierung 1994 präsentiert sich das Hotel heute als einfaches, aber sauberes Quartier. Zum Hotel gehört ein Restaurant mit einer soliden kleinen Karte. Bei gutem Wetter wird das Essen auf der Terrasse serviert, von der man bis Schweden schauen kann (tgl. 12–20 Uhr, warme Küche 17–20 Uhr).
Vestergade 65
Tel. 56 96 40 24
6 Zimmer
Mittlere Preisklasse

Sehenswertes

Brogårdsstenen
Der größte Runenstein der Insel und einer der größten Dänemarks: der 2,10 m hohe Brogårdsstein. Er steht südlich von Hasle am Abzweiger von der Straße 158 Richtung Klemensker. Seine Inschrift lautet: »Svenger ließ diesen Stein aufstellen nach seinem Vater Toste, seinem Bruder Alvlak, seiner Mutter und seiner Schwester«.

Hasle Kirke
Eine sehr hübsche kleine Kirche aus dem 14. Jh. Bemerkenswert ist der Lübecker Altar aus der Mitte des 15. Jh. Auf dem Friedhof findet sich das Grab des Opernsängers Vilhelm Herold.
Kirkegade
April–Sept. Mo–Sa 7–19 Uhr

Rubinsø
Man folgt vom Zentrum Hasles aus der Ausschilderung Richtung Vandrerhjem (Jugendherberge) und gelangt so auf die Nebenstrecke nach Rønne (Fælledvej). Nach ca. 1,5 km weist ein kleines Holzschild linker Hand zum Rubinsø (Rubinsee). Er verdankt seinen Namen der Farbe, die er bei bestimmter Sonneneinstrahlung annimmt. Entstanden ist er durch den Abbau von Ton in dieser Gegend.

Museum

Vilhelm Herolds Mindestue
In ganz Europa für Furore sorgte um die Jahrhundertwende der Sänger Vilhelm Herold. Vor allem als Wagner-Interpret, aber auch als Meister der kleinen Liedform gewann er großes Renommée. Geboren wurde er 1865 in Hasle, später zog es ihn an die Bühnen in Kopenhagen, aber auch Berlin, Mailand und Paris. Mit 50 Jahren beendete er seine Karriere und arbeitete fortan als Gesangslehrer. 1922–24 war er in Kopenhagen Operndirektor des Königlichen Theaters. 1937 verstarb er in Hasle. Diese kleine Sammlung hier in der Bibliothek dokumentiert sein Lebenswerk anhand von Originaldokumenten und historischen Aufnahmen. Und ein sicherlich schönes Souvenir sind die beiden Kassetten mit Aufnahmen von Herold.
Kirkegade 6
Mo–Fr 10–16 Uhr
Eintritt Erwachsene 10 DKK, Kinder 5 DKK

Essen und Trinken

Museumsrøgerierne
Viele Jahre standen die Heringsräuchereien in Hasle leer. 1990 wurden
sie dann endlich wieder in Betrieb
genommen. Dabei richtete man einen Teil historisch ein und ergänzte
ihn mit zeitgenössischen Dokumen-
ten, so daß der Besucher heute einen kleinen Einblick in die Heringsräucherei der damaligen Zeit erhält.
In der aktiven Räucherei selbst gibt
es natürlich die üblichen Gerichte
vom einfachen Bornholmer mit Brot
über »Sonne über Gudhjem« bis hin
zu Lachs und Makrele.
Sdr. Bæk 16–20
Tel. 56 96 44 11
Tgl. Mitte Juni–Mitte Aug.
10–19 Uhr; Mai–Mitte Juni,
Mitte Aug.–Sept. 10–18 Uhr;
Okt. 10–16 Uhr
Untere Preisklasse

Einkaufen

Antik 26
Sehr kleiner Antikladen, aber
manchmal findet sich doch etwas
Besonderes.
Storegade 26

Hasle Antik
Trödler an der Hauptstraße, gute
Auswahl an Möbeln und Glas.
Storegade 88

Niels Lind
Es muß ja nicht immer Keramik
sein. Der ehemalige Postbote Niels
Lind stellt Schüsseln, Leuchter,
Uhren etc. aus Holz, vorzugsweise
Kiefer, her.
Vestergade 33a
Mo–Sa 14–18 Uhr

Service

Hasle Turistbureau
Havnegade 1
3790 Hasle
Tel. 56 96 44 81, Fax 56 96 41 06

Die Museumsräucherei wurde 1991 wiedereröffnet

Ausflugsziele

Helligpeder/ Teglkås ■ A 2/A 3

Hier ist nichts los – und das ist vermutlich das Reizvolle an diesen beiden ineinander übergehenden Siedlungen. Kommt man von der Landstraße Hasle – Allinge aus, so fällt die kurvige Straße bald steil zum Meer hin ab. Vorsicht ist also für Autofahrer wie für Radfahrer geboten.

Erste Siedlung ist Helligpeder. Ein kleiner Hafen, ein paar Häuser unmittelbar am Wasser. Einen Steinwurf entfernt beginnt Teglkås. Die Straße endet mit einem Parkplatz, für Autofahrer geht es nicht weiter. Für Radler schon, ist diese Straße doch Teil des ausgeschilderten Radweges von Allinge nach Hasle und Rønne. Wer Richtung Norden radelt, muß allerdings kurz hinter Tegelkås das Schieben beginnen, wartet doch eine Steigung mit stolzen 22 % (→ Routen und Touren, Mit dem Rad: Burgen, Kirchen und Meer im Nordwesten).

Auch Wanderer können entlang der Küste Richtung Jons Kapel marschieren. Entweder oberhalb der Küste entlang des Radweges. Oder unmittelbar am Wasser auf den vielen Steinen. Hierzu ist allerdings unbedingt festes Schuhzeug notwendig.

Essen und Trinken

Gines Minde
Vom Ende der Straße in Teglkås sind es nur wenige Schritte bis zum Café Gines Minde, wo es nicht nur leckeren Kuchen, sondern auch selbstentworfene Souvenirs gibt.
Teglkåsvej 82
Tel. 56 96 90 82
Tgl. 11–17 Uhr

Jons Kapel ■ A 2

Eine der bemerkenswertesten Sehenswürdigkeiten der Insel. Doch der Weg zu ihr ist nicht einfach. Man kommt, auch mit dem Rad, nur bis zu einem Parkplatz. Von dort geht es 10 Min. zu Fuß Richtung Meer. Und dann steht man vor einer steilen Treppe mit 168 Stufen. So mancher streikt hier, bleibt lieber oben. Doch der Abstieg hinunter zum Meer lohnt. Ein 22 m hoher Felsen ragt ins Meer. Der Mönch Jon soll hier vom Felsen aus um 1000 den heidnischen Fischern das Christentum gepredigt haben. Unten in der Höhle wohnte er. Nur wenige Meter von der tosenden See entfernt. Ein besonders in den sommerlichen Abendstunden und in der Nebensaison sehr verträumter Platz.

Klemensker ■ B 3

Böswillig könnte man behaupten, Klemensker sei nur eine große Kreuzung, an der sich die Straßen aus Rønne, Almindingen, Gudhjem, Allinge und Hasle treffen. Und so ganz falsch ist das nicht. Ein paar kleine Geschäfte, Bank, Post, ein überdimensionierter Kaufladen von Brugsen. Und dennoch lohnt ein Stopp. Das Interieur der Kirche ist reizvoll. Und am Abzweiger nach Hasle steht Bornholms einziger Landgasthof.

168 mühsame Stufen sind es bis zu Jons Kapel

SEHENSWERTE ORTE UND AUSFLUGSZIELE

Eine wertvolle Arboe-Uhr
in der Klemenskirke

Sehenswertes

Klemenskirke
Diese Kirche ähnelt jenen in Østermarie, Vestermarie oder Rø. Alle-
samt sind sie Anfang der 1880er errichtet worden, weil man ihre Vorgänger für zu klein hielt. Im Inneren
sollten Sie vor allem auf die Bornholmer Standuhr von I.P. Arboe aus
dem Jahre 1795 achten. Neben der
Kirche sind zudem einige Runensteine zu sehen.
April–Sept. Mo–Fr 7–11 und 13–15
Uhr, Sa 7–11.30 Uhr

Essen und Trinken

Klemens Kro
Einfaches, solides Haus mit Garten.
Auf der Karte überwiegt Fleisch. Es
werden auch Zimmer angeboten.
Storegade 12
Tel. 56 96 63 00
Tgl. 11–12 Uhr
Mittlere Preisklasse

Einkaufen

Cykelfabrikken I/S Christiania Smedie
Nach eigenem Bekunden die kleinste Fahrradfabrik der Insel. Bemerkenswert ist, daß hier Transport-
fahrräder gebaut werden, Räder mit
Vorwagen oder Anhänger also. Darauf kann man dann seine Einkäufe
ebenso transportieren wie etwa
einen Rollstuhl.
Dammegårdsvej 22
Mo–Fr 10–16 Uhr

Rutsker ■ A3

Eigentlich besteht das Dorf nur aus
einer Straße, an der sich Einfamilienhaus an Einfamilienhaus reiht.
Dennoch ist Rutsker einen Abstecher wert, steht die Rutskirke doch
auf dem zweithöchsten Punkt der
Insel (131 m). Bei gutem Wetter ist
die Sicht entsprechend weit, insbesondere nach Schweden hinüber.

Sehenswertes

Rutskirke
Keine Kirche in Dänemark ist höher
gelegen als die Rutskirke. Sie präsentiert sich heute als eigenartiges
Materialgemisch. Schiff, Chor und
Apsis bestehen aus Feld- und Sand-
stein, der Turm wurde 1887 aus
Steinbruchgranit errichtet. Separat
steht der Glockenturm.
　Im Kircheninneren lohnt der Blick
auf die Wandmalerei im Chor, die in
der zweiten Hälfte des 16. Jh. entstand. Beim nördlichen Seitenaltar
hat man gar Reste einer Malerei aus
der Mitte des 13. Jh. gefunden, die
vermutlich die Jungfrau Maria darstellt.

Highlander
Im ehemaligen Gemeindehaus be-
findet sich seit 1994 das Restaurant
Highlander. Die Karte ist klein, es
wird mehr Wert auf Tagesfrische ge-
legt. Spezialität ist Wild.
Kirkebyen 49
Tel. 56 96 91 02
Mai–Mitte Sept. tgl. 12–21 Uhr
Mittlere Preisklasse

Vang ■ A 2

Hübsches kleines Dorf, das sich
u. a. vom Tourismus ernährt. Den
Hafen prägen statt der Fischer die
Segelboote, auf den Anhöhen stehen zahlreiche Ferienhäuser. Seine
Blüte erlebte Vang, als man nach
der Jahrhundertwende in der Umgebung Granit abbaute und ihn u.a.
nach Kopenhagen zum Wiederaufbau des Schloßes Christiansborg
brachte. Am Hafen steht ein Monument zur Erinnerung an Vangs Steinhauer in den Jahren 1896–1967.

Le Port
Eines der besten Restaurants der
Insel, gemütlich und gepflegt.
Fleisch und Fisch, je nach Saison-
lage angeboten, halten sich auf der
überschaubaren Karte die Waage.
Von der Terrasse hat man einen
schönen Blick über die See.
Vang 81
Tel. 56 96 92 01
Tgl. 11–23 Uhr
Obere Preisklasse

Café Sollyst
Hübsches Gartencafé am Hafen,
von der Terrasse hat man einen
guten Blick Richtung Hammerknuden und Schweden.
Mo–Sa 12–18 Uhr

Die Rutskirke ist Dänemarks höchstgelegene Kirche

Bornholms zweitgrößte Stadt ist weniger Touristenhochburg als Handelszentrum. Aber südlich von ihr beginnt der weite Sandstrand.

Neksø
■ F 5

Auf den ersten Blick besitzt Neksø nicht viel Atmosphäre. Der Marktplatz ist nicht sonderlich gemütlich, die Bebauung wenig reizvoll, kleine ansprechende Boutiquen scheinen zu fehlen. Seelenlose Betonbauten dominieren das Hafenbild. Neksø ist im letzten Jahrzehnt sehr viel stärker gewachsen als Rønne. Für den Besucher spielt sich das Leben rund um den Markt ab.

Wer Neksøs wahres Gesicht entdecken will, muß sich auf die Suche abseits der Pfade machen. Man geht vom Marktplatz aus südlich die Købmagergade Richtung Kirche. Bald stößt man auf die kleinen, farbenprächtigen Bauten, für die Bornholm so bekannt ist.

Ebenso ist es am Hafen. Wer sich von den Betonbauten nicht abschrecken läßt, sondern sich einfach einmal auf den Weg in Bornholms größten **Hafen** macht, stößt bald auf die unzähligen Kutter, deren Besitzer tagtäglich um ihre Existenz kämpfen müssen.

Niemand anders als ein gewisser **Martin Andersen** aus Kopenhagen hat diesen permanenten Überlebenskampf in Erzählungen wie »Wenn die Not am größten« oder »Der Herings-fang« einzigartig dargestellt. 1877 war er, als Achtjähriger, hierhergekommen. Als 22jähriger verließ er die Insel wieder. Als Dank an diese harte wie wunderbare Jugend nahm er den Nachnamen Nexø an. Als Martin Andersen Nexø wurde er in der ersten Hälfte unseres Jahrhunderts ein weltberühmter Schriftsteller. Doch erst in den Neunzigern, in Zusammenhang mit der erfolgreichen Verfilmung von »Pelle, der Eroberer«, widmeten ihm die Bornholmer ein Museum.

Noch ein anderes Datum ist für die Geschichte wichtig. Der 7. Mai 1945. Längst schon hatten die Deutschen in Dänemark kapituliert, nur auf Bornholm nicht. Da bombardierten die Russen sowohl Rønne als auch Neksø. Um den Wiederaufbau zu erleichtern, schenkte der schwedische Staat Neksø 50 Holzhäuser.

Um Irritationen zu vermeiden, sei noch darauf hingewiesen, daß die dänische Sprache seit einer Rechtschreibreform Mitte der 1950er Jahre kein »x« mehr kennt, sondern dieses durch »ks« ersetzt hat. So wird die Stadt heute zwar »Neksø« geschrieben, vielerorts beharrt man aber auf dem historischen »Nexø«.

Hotels und andere Unterkünfte

Hotel Balka Strand

Tolles Hotel in unmittelbarer Strand-
nähe. Sehr modern eingerichtet,
erstklassiges Restaurant und sehr
freundlicher Service.
Boulevarden 9a
Tel. 56 49 21 50, Fax 56 49 36 99
37 Zimmer, 10 Apartments
Obere Preisklasse/Luxusklasse

Hotel Balka Søbad

Strandnahes Hotel mit komfortablen
Einrichtungen wie Sauna, Swim-
mingpool, Tennisplätzen etc. Die
Zimmer sind modern und funktional,
während im Eingangsbereich die
Zeit etwas stehengeblieben zu sein
scheint.
Vester Strandvej 25
Tel. 56 49 22 25, Fax 56 49 22 33
106 Zimmer
Obere Preisklasse/Luxusklasse

Nexø Sømandshjem

Ein sehr schlichtes, preiswertes
Hotel nahe am Hafen, seit 1994 mit
neuen Eigentümern. Diese gestal-
ten auch weiterhin die Speisekarte
durch einfache, gutbürgerliche
Küche zu vernünftigen Preisen.
Købmagergade 27
Tel. 56 49 24 40
28 Zimmer
Untere Preisklasse

Spaziergang

Um alle Höhepunkte Neksøs ken-
nenzulernen, benötigt man ca. einen
halben Tag. Startpunkt ist selbstverständlich der **Markt**. Sie biegen von
hier aus zunächst in die Købmagergade ein. Das Haus Nummer 9 wurde 1856 als Rathaus errichtet, heute
beherbergt es die Polizei. Die Købmagergade 18–20 ist der sogenannte Sonnegården, wurde hier doch
1817 Hans Christian Sonne geboren, der 1866 im jütischen Thisted
Dänemarks erste Konsumgenossen-
schaft gründete. Haus 24 ist die
1815 errichtete einstige Kirchen-
schule, heute das Kirchenbüro.
Gegenüber sehen Sie in Haus 27

Neksøs Hafen ist der größte der Insel

SEHENSWERTE ORTE UND AUSFLUGSZIELE

das Nexø Sømandshjem. Dies diente seit seiner Erbauung 1883 zunächst als Bürgerschule und wurde erst 1966 zum Seemannsheim umfunktioniert.

Dann stehen Sie schon vor der Kirche. Nach deren Besuch gehen Sie die Købmagergade weiter, dann rechts in die Bredgade und schließlich in die Ferskesøstræde. Sie erreichen nun die **Erinnerungsstube an Martin Andersen Nexø**. Um sich vielleicht nach dem Museumsbesuch auszuruhen, können Sie auf der anderen Seite des Andersen Nexø Vej den kleinen Park betreten, wo sich auch eine **Andersen Nexø Büste** befindet. Zurück geht es die Ferskesøstræde gerade durch, links in die Bager Sonnes Gade und über die Stormgade hinüber in den Gl. Postvej und dort gleich rechts in die Damgade. Bald zweigt rechts die Kildebakkestræde ab. Im Haus Nummer 13 wohnte der Schriftsteller **Jakob Hansen** (1868–1909), dem Andersen Nexø in seinen Memoiren ein Denkmal gesetzt hat: Dieser Jugendfreund habe ihm erst die Literatur nahegebracht. Die Literaturgeschichte hat Hansen zu Unrecht vergessen.

Sie erreichen die Havnegade, folgen ihr ein kleines Stück ortsauswärts, um dann aber rechts in die Kalkbrænderivej zu wechseln. Mit dem Kong Gustafsvej beginnt dann jenes Viertel, in dem die von den Schweden nach dem Zweiten Weltkrieg geschenkten **Holzhäuser** stehen. Es geht rechts in den Lindebergvej, auch hier stehen die Holzhäuser. Weiter rechts in den Harilds Løkkevej, links in den Bededam und geradeaus über K.H. Kofoeds Gade, Mortensgade, Hjortestræde und Birkegænget zum Hafen. Dort rechts bis hin zum **Nexø Museum** und nach dessen Besuch zurück zum Marktplatz.

Sehenswertes

Andersen Nexø Büste

Gegenüber des Andersen Nexø Museums erstreckt sich ein kleiner Park in Richtung Süden. Unmittelbar am Ostufer des Ferskesøs wurde 1969 an seinem 100. Geburtstag eine Büste Martin Andersen Nexøs errichtet.

Fandens Keglebane

An der Ecke Sdr. Landevej/Mosevej liegt »des Teufels Kegelbahn«, ein Stein mit 17 Schalengruben und Zeichnungen.

Hundsemyre

Ein Moor zwischen Neksø und Snogebæk, das heute unter Naturschutz steht, leben hier doch zahlreiche selten geworden Vogelarten. Von einem Aussichtsturm erhält man einen schönen Überblick über das Gelände. Während der Brutzeit ist das Gebiet gesperrt.
15. Juli–15. März

Marktplatz

Auf dem Marktplatz steht ein Brunnen, der die Neksøer Geschichte dokumentiert. Der Text lautet: »Nexø wurde Stadt 1346, verbrannt von den Lübeckern 1510, geplündert von den Schweden 1645, große Hafenerweiterung 1879, bombardiert von den Russen 1945, Brunnen geschenkt von der Sparkasse 1946.«

Zwischen Parkstreifen und Brunnen befindet sich u.a. ein kleiner Stein mit den Initialen HA, Hans Andersen. Der Vater von Martin Andersen Nexø gehörte zu den Arbeitern, die den Marktplatz pflasterten.

Nexø Kirke

Die Kirche der Stadt ist recht klein, was vermutlich damit zu begründen ist, daß sie nur eine Filialkirche der Bodilskirke war. Große Erweiterungen und Umbauten erfuhr die Kirche Mitte des 18. Jh. Das Inventar beherbergt nichts Außergewöhnliches.
Købmagergade
Mo–Sa 7–18 Uhr

Museen

Andersen Nexøs Mindestue

Im ehemaligen Haus Andersen Nexøs ist seit ein paar Jahren eine kleine Gedenksammlung untergebracht. Sie zeigt das Arbeitsgerät des Autors ebenso wie wichtige zeitgenössische Dokumente oder die zahlreichen Lizenzausgaben.
Ferskesøstræde 36
Mitte April–Mitte Okt. Mo–Sa 10–16 Uhr
Eintritt Erwachsene 10 DKK, Kinder 5 DKK

Nexø Museum

Das 1796 unmittelbar am Hafen errichtete Gebäude diente zunächst als Gericht, später als Speicher. 1969 wurde es dann zum Heimatmuseum. Neben Sonderausstellungen widmet sich die Sammlung vor allem dem Thema Mensch und Meer, also der Entwicklung der Seefahrt und der Fischerei auf Bornholm.
Havnen
Mitte Mai–Mitte Okt. Mo–Sa 10–16 Uhr
Eintritt Erwachsene 10 DKK, Kinder 5 DKK

Essen und Trinken

Den gyldne hane

Einfache Stube, in der sich die Einheimischen nach dem Feierabend treffen. Sehr günstige Tagesgerichte.
Brogade 9
Tel. 56 49 41 53
Untere Preisklasse

Das Heimatmuseum – erst Gericht, dann Speicher

SEHENSWERTE ORTE UND AUSFLUGSZIELE

Nexø Rock Café
Kneipe und Bar, manchmal Live-
musik und an Wochenenden Disco.
Hier trifft sich die Ortsjugend.
Torvegade 7a
Tel. 56 49 22 99
Tgl. 20–5 Uhr

Torvets Konditori
Gemütliches, an eine Bäckerei
angeschlossenes kleines Café am
Marktplatz.
Torvet 7

Tre Søstre
Nobelrestaurant am Neksøer Hafen,
das das ganze Register der gelunge-
nen Fischzubereitung zieht. Ob
Scampi und Hummer, Dorsch und
Lachs, das ist alles geschmackvoll
zubereitet. Die Portionen sind aller-
dings als eher sparsam zu bezeich-
nen.
Havnen 5
Tel. 56 49 33 93
Mitte Mai–Juni, Mitte Aug.– Mitte
Sept. tgl. 12–14.30 und 17.30–21
Uhr; Juli–Mitte Aug. tgl. 12–22 Uhr
Obere Preisklasse

Brasserie Truberg
→ Essen und Trinken, Der Besondere Tip, S. 21

Einkaufen

Forellen
Frischer Fisch in allen Variationen,
ob zum unmittelbaren Verzehr oder
für das Abendessen.
Havnen 2

Imerco
Ob königliches Porzellan aus Kopenhagen, Glas von Holmegaard, Töpfe
von Eva Trio oder Küchenmesser
von Raadvad, hier finden Sie alles,
was das Heim schöner und das
Kochen attraktiver macht.
Brogade 14

Nexø Antik
Sehr guter Antikladen am Ortsausgang Richtung Rønne, zuweilen ist
hier noch ein Schnäppchen möglich.
Rønnevej 24

Nexø Boghandel
Größte Buchhandlung an der Ostküste, die außerdem noch Leder-
taschen führt. Ein gutes Angebot
deutschsprachiger Zeitschriften und
Bücher.
Torvet 3

Torvets Kiosk
Sehr breite Auswahl an deutschsprachigen Zeitungen und Zeitschriften.
Strandgade 4

Service

Nexø-Dueodde Turistforening
Åsen 4
3730 Neksø
Tel. 56 49 32 00, Fax 56 49 43 10

Ausflugsziele

Bodilsker   ■ E 5

Bodilsker lohnt einen Halt wegen der Kirche. An der Außenmauer erkennt man nämlich ein schwarzes Gebilde in Form eines Hutes. Es ist der Hut des Teufels, den dieser einst dem Pastor hinterhergeschmissen haben soll, als er sich über ihn wieder einmal geärgert hatte.

Östlich der Kirche zweigt der Bjergegårdsvej ab. Er führt zu Gryet, einer Sammlung von 56 Bautasteinen inmitten eines Wäldchens.

Dueodde   ■ E 6

Einen Kilometer führt die Stichstraße hinunter Richtung Wasser. Wer hier aber einen Ort erwartet, wird vergeblich suchen. Große Parkplätze, Eisbuden und Gastronomie prägen Dueodde. Stolz reckt sich der Leuchtturm Richtung Himmel. Ansonsten gilt es, den gut fünfminütigen Spaziergang hinunter zum Wasser zu absolvieren.

TOPTEN 7

Hotels

Hotel Bornholm
1974 errichtetes Bungalowhotel in ruhiger Waldlage und gleichzeitig dicht am Strand. Die Zimmer sind modern, Pools und Tennisplatz gehören selbstverständlich zu den Serviceeinrichtungen. Freundlicher Service.
Pilegårdsvejen 1
Tel. 56 48 83 83, Fax 56 48 85 37
27 Zimmer, 22 Apartments
Mittlere/Obere Preisklasse

Dueodde Badehotel
Reines Apartmenthotel, moderne, helle Zimmer in einem eigentlich recht schmucklosen Bau. Im Anbau gibt es ein Café, das auch für Nicht-Gäste zugänglich ist.
Sirenevej 2
Tel. 56 48 86 49, Fax 56 48 89 59
48 Apartments

Sehenswertes

Leuchtturm
Man muß einfach einmal oben gewesen sein. Leider gibt es aber keinen Fahrstuhl, sondern nur 196 Stufen hinauf. Doch die Aussicht über das Wasser und das Binnenland lohnt die Strapazen bestimmt. Und kalt ist es oben!
Fyrvej 8
Mai–Sept. tgl. 10–17 Uhr
Eintritt Erwachsene 4 DKK,
Kinder 2 DKK

Essen und Trinken

Granpavillonen
Einfaches, aber gutes Restaurant. Eine große Karte, auf der sich Fleisch (Hähnchen, Steak-Varianten), aber auch etwas Fisch findet.
Fyrvej 5
Tel. 56 48 81 75
Mai–Mitte Sept. 11.30–22 Uhr
Mittlere Preisklasse

Paradisbakkerne   ■ E 5/E 6

Neben Almindingen ist Paradisbakkerne, die Paradieshügel, das lohnendste Wandergebiet im Bornholmer Binnenland. Auf drei markierten, unterschiedlich langen Routen kann man das Gebiet erkunden. An diese sollte man sich halten, denn Paradisbakkerne ist ein eher unübersichtliches Terrain, in dem man sich leicht verlaufen kann. Festes Schuhzeug ist unverzichtbar.

SEHENSWERTE ORTE UND AUSFLUGSZIELE

Der Blick vom Leuchtturm in Dueodde

Sehenswert ist der Rokkesten, der Rüttelstein, wie es ihn auch in Rutsker Højlyng und Almindingen gibt. Es handelt sich um einen Findling aus der Eiszeit, der sich, bei entsprechender Kraft, ein wenig rütteln läßt.

Auch Paradisbakkerne besitzt, wie Almindingen, eine Gamleborg. Die hiesige soll 187 m lang und 80 m breit gewesen sein. Es handelte sich dabei um eine eisenzeitliche Fluchtburg, die auch in der Wikingerzeit genutzt wurde. Von den Stein- und Erdwällen, aus denen sie errichtet war, sind aber nur noch Reste erkennbar.

Paradisbakkerne liegt knappe 3 km nordwestlich von Neksø.

Snogebæk ■F6

Kein anderer Ort der Insel hat in den letzten Jahren eine solch rasante Entwicklung durchgemacht. Snogebæk ist geradezu aus den Nähten geplatzt. Das liegt sicherlich daran, daß sich einerseits rund um Snogebæk ein riesiges Sommerhausareal erstreckt, andererseits weder Neksø im Norden noch Dueodde im Süden genug Atmosphäre besitzen, um die Besucher tagsüber wie abends zu locken.

Ganz anders Snogebæk. Eine recht schöne Bebauung, ein kleiner Hafen, einige interessante Boutiquen, der nahe Strand, eine Heringsräucherei, eine tolle Kneipe, hier ist ganz einfach jeden Abend etwas los.

Hotels und andere Unterkünfte

Pension Blomstergården
Einfache Unterkunft am Ortsausgang in der ehemaligen Schule. Großzügige Gemeinschaftsräume, freundliche Betreiber.
Dueoddevej 2–4
Tel. 56 48 88 06
23 Zimmer
Untere Preisklasse

Snogebæk Hotelpension
Ein sehr familienfreundliches Hotel mit hauseigenem Swimmingpool. Gegessen wird im Haupthaus, während die Zimmer im Holzbungalow im Garten eingerichtet wurden. Jedes Zimmer besitzt eine kleine Terrasse, schön in lauen Sommernächten.
Ellegade 9
Tel. 56 48 80 80, Fax 56 48 81 31
25 Zimmer
Mittlere Preisklasse

Einkaufen

Bo & Gaver
Typischer Souvenirladen, der sich von manch unsäglichen Pendants in Snogebæk allerdings dadurch abhebt, daß er zum einen permanent eine kleine Weihnachtsausstellung präsentiert, zum anderen aber auch hübsche Spieluhren anbietet.

Wer bestimmte Tiere sammelt (Frösche, Eulen etc.), wird hier sicherlich fündig.
Hovedgaden 34

Snogebæk Glashytte
Charly Meaker zeigt hier in dieser traditionsreichen Glasbläserei seine Werke. Selbstverständlich kann man auch bei der Fertigung zuschauen.
Hovedgaden 2
Mo–Sa 9–20, So 9–13 Uhr

SEHENSWERTE ORTE UND AUSFLUGSZIELE

Essen und Trinken

Jørgen's Café
Ein Restaurant, in dem möglichst alle (touristischen) Bedürfnisse befriedigt werden sollen, von Pizza und Spaghetti für die Kleineren bis hin zu Dorsch oder Steak für den größeren Appetit. Schöner Garten.
Hovedgaden 3
Tel. 56 48 90 44
Tgl. ab 12 Uhr, Mi geschl.
Mittlere Preisklasse

Den lille Havfrue
Eines der besten Bornholmer Restaurants. Die Speisekarte wird selbstverständlich vom Fisch dominiert, daneben gibt es aber auch Fleisch- und Vegetariergerichte. Exzellente Zubereitung, guter Service, das Interieur schwankt zwischen Kühle und Gemütlichkeit. Bemerkenswert ist die große Weinkarte.
Hovedgaden 5
Tel. 56 48 80 55
Tgl. 12–22 Uhr
Obere Preisklasse

Snogebæk Kro
Solider Charme charakterisiert den Krug in der Ortsmitte. Die Karte ist auf schnelle Lieferung ausgerichtet, die Bedienung arbeitet effektiv.

Fisch und Fleisch halten sich die Waage. Niedrigpreisrestaurant wie in Tejn.
Hovedgaden 25
Tel. 56 48 91 10
Tgl. 12–21 Uhr
Untere Preisklasse

Sørens Værtshus
Zum Essen kommt man wohl kaum her, die Karte ist arg klein und einfach. Dafür wird hier aber um so mehr getrunken. Spezialität des Hauses sind Drinks wie »U-Boot«, einer Mischung aus Bier und Magenbitter. Fast allabendliche Livemusik heizt die Stimmung an.
Hovedgaden
Tel. 56 48 80 20
Tgl. ab 11 Uhr

Traktørstedet Æblehaven
Nettes kleines Restaurant mit Garten. Die Karte wird vom Fisch geprägt, empfehlenswert ist z.B. das Ostseetrio mit Lachs, Dorsch und Steinbutt in Hummersauce.
Hovedgaden 15
Tel. 56 48 88 85
Tgl. 12–22 Uhr
Mittlere Preisklasse

Reparaturarbeiten im Hafen von Snogebæk

Dienstleistungszentrum und Einkaufsstadt, Fährschiffhafen und Altstadtidylle – die Hauptstadt vereint viele Reize Bornholms.

Wer je mit dem Schiff Rønne ansteuerte, wird nicht vergessen, wie sich die Silhouette langsam am Horizont abzeichnet. Fixpunkt ist dabei die weiße **St. Nikolai-Kirche** unmittelbar am Hafen. Um sie herum erstreckt sich heute Rønnes schönstes Viertel. Rot, gelb oder weiß getünchte kleine Häuser mit winzigen Gärten reihen sich hier aneinander. Wer es ganz besonders gut getroffen hat, kann sogar vom Wohnzimmer aus das Geschehen im Hafen beobachten.

Weniger verträumt ist sicherlich die Bebauung rund um den Marktplatz. Hier hat man sich im Laufe der Jahre der Ökonomie angepaßt. Das Einkaufszentrum »bornholmercentret (bc)« steht dort, wo sich vor vielen Jahren noch eine kleine Bibliothek befand. Immerhin, vor ein paar Jahren ist die **Store Torvegade** zur Fußgängerzone erklärt worden, es bummelt sich jetzt ein wenig entspannter. Die wichtigsten Geschäfte befinden sich zwischen Lille Torv, wo auch die Hauptpost steht, und Store Torv bzw. Store Torvegade. Außerdem noch rechts und links der Snellemark bis hinunter zum 1994 eröffneten Snellemarkcentret.

Rønne

■ A 4/A 5

Ein bedeutendes Handelszentrum war Rønne übrigens schon immer. Als Umschlagplatz für den Heringshandel konnte sich das damalige Rotna schnell entwickeln und erhielt 1327 die Stadtrechte. In den folgenden Jahren rückte die Stadt u.a. bei der Ermordung des schwedischen Kommandanten Prinzenskjöld 1658 in der Storegade in den Blickpunkt der Öffentlichkeit.

Wie Christiansø und Frederiksø sollte auch Rønne 1688–89 befestigt werden. Während dieses Vorhaben auf den Erbseninseln aber realisiert wurde, blieb die Befestigung Rønnes Stückwerk. Das **Kastell**, in dem heute das Verteidigungsmuseum untergebracht ist, ist die einzig deutlich erkennbare Erinnerung an diese Zeit.

In Rønne liegt auch der Ursprung der Bornholmer **Keramik**, 1835 wurde die Werkstätte der heutigen Søholm Keramikfabrik gegründet. 1859 stellte Hjorths Terracottafabrik ihre ersten Werke her, bald auch Michael Andersen.

Heute konzentrieren sich in der Stadt nicht nur Geschäfte und Museen, sie ist auch Verwaltungszentrum und Fährhafen.

Vimmelskaftet, der meistfotografierte Straßenzug auf Bornholm

Hotels und andere Unterkünfte

Hotel Fredensborg
Bornholms Nobel-Hotel mit hervorragender Küche. Es ist etwas außerhalb des Zentrums in Richtung Flughafen unmittelbar am Wasser gelegen. Kleidungsmäßig geht es hier ebenso leger wie gepflegt zu. Behindertengerecht.
Strandvejen 116
Tel. 56 95 44 44, Fax 56 95 03 14
75 Zimmer, 12 Apartments
Obere Preisklasse

Færgegården Hotel ■ b 3/c 3
Genau gegenüber des Fährhafens gelegen. Einfache, aber saubere Zimmer, wer eine günstige Unterkunft sucht, ist hier bestimmt richtig. Z. T. Dusche und WC auf dem Gang.
Snellemark 2
Tel. 56 95 07 80
39 Zimmer
Mittlere Preisklasse

Hotel Griffen ■ d 2
Von außen sicherlich nicht sonderlich attraktiv, im Inneren allerdings sehr gemütlich und geschmackvoll eingerichtet. Die Zimmer besitzen zum Teil Blick auf die See. Mit dem Restaurant Victoria besitzt das Hotel auch eines der besten Hotelrestaurants Bornholms.
Kredsen 1
Tel. 56 95 51 11, Fax 56 95 52 97
140 Zimmer
Obere Preisklasse

Hotel Hoffmann ■ b 3
In Sicht vom Fähranleger plaziertes, geschmackvoll konservativ gehaltenes Hotel. Das Restaurant ist sehr empfehlenswert, für späte Stunden bietet sich die Bar an.
Ved Kystvejen
Tel. 56 95 03 86, Fax 56 95 25 15
85 Zimmer
Obere Preisklasse

Hotel Ryttergården
Gegenüber des Fredensborg gelegen. Eine sehr weitläufige Anlage, sehr modern und geschmackvoll, sehr freundlicher Service. Behindertengerecht.
Strandvejen 79
Tel. 56 95 19 13, Fax 56 95 19 22
106 Zimmer, 30 Apartments
Obere Preisklasse

Hotel Skovly
Sehr schön im Wald am nördlichen Stadtrand Richtung Hasle gelegen. Bis zum Strand sind es nur wenige Schritte. Mit Ruderbooten kann man auf der Bykobbe Å kleine Ausflüge unternehmen. Im Innern sehr gemütlich, die Zimmer sind geräumig und schlicht. Das hervorragende Restaurant sei auch denen empfohlen, die nicht Hotelgast sind.
Nyker Strandvej 40
Tel. 56 95 07 84
48 Zimmer
Obere Preisklasse

Sverres Small Hotel ■ d 3
Einfaches, sehr preisgünstiges Hotel unmittelbar im Zentrum. In der angeschlossenen Bar stehen Billardtische, am Wochenende gibt es Livemusik.
Skt. Mortensgade 48
Tel. 56 95 03 03, Fax 56 95 03 92
11 Zimmer
Untere/Mittlere Preisklasse

SEHENSWERTE ORTE UND AUSFLUGSZIELE

Spaziergang

Startpunkt ist der **Marktplatz**. Sie orientieren sich nordwärts und folgen zunächst der Store Torvegade. Dann geht es links in die Laksegade, wo Sie das **Museum Erichsens Gård** besuchen können. Weiter die Laksegade hinunter bis zur Storegade. Dort links, geradewegs über Snellemark hinüber. Bald sehen Sie auf der Straße die Markierungen des Attentates auf den schwedischen Statthalter Printzenskjöld 1658. Sie gelangen zur Kirche. Nach deren Besuch wieder geradeaus weiter. Auf dem Kapelvej spazieren Sie oberhalb der Küstenstraße und können jederzeit zum Meer hinunterschauen. Bald links in die Pedersgade, in einem Links-Rechts-Schlenker weiter durch die Klinggade und links in Vimmelskaftet. Sie erreichen wieder die Kirche. Von hier aus rechts die Østergade hoch. Auf der linken Seite passieren Sie das **Theater**. Links in die Theatergade, rechts in die Damgade. Am Lilletorv quer hinüber in die Stålegade, dann links in die Slettestræde. So erreichen Sie **Bornholms Museum** in der Skt. Mortensgade. Von hier aus wieder zum Marktplatz.

Sehenswertes

Fyret   ■ d 3
Der recht kleine, aber schlicht-hübsche Leuchtturm entstand 1880. Er ist nur von außen zu betrachten. Havnebakken

Kommandantgården   ■ c 3
Das Mitte des 19. Jh. errichtete Gebäude gehört zu den imposantesten der Rønner Innenstadt. Leider kann man es nur von außen bewundern, residiert hier doch die militärische Führung Bornholms. Storegade 42

Købmand Rønnes Gård   ■ d 4
Dieses Gebäude verdient wegen der »Kikkeborg« (Guckburg) Aufmerksamkeit. Gemeint ist der kleine Kasten auf dem Dach, der dem Inhaber einen Blick bis hinunter zum Hafen ermöglicht. Unmittelbar daneben steht die Hauptwache, einst das südliche Stadttor, heute ein Lokal. Søndergade 12

In der Storegade wurde 1658
der schwedische Kommandant getötet

St. Nikolai Kirke ■ d 3

Irgendwann im 13. Jh. sind erste Teile der Kirche entstanden. Nach und nach wurde sie erweitert und umgestaltet, genaue Datierungen sind aber nur noch zum Teil möglich. 1915–18 wurden Teile der Kirche wieder abgerissen, und das Gebäude erhielt weitgehend sein heutiges Gepräge. Der Turm wurde 1993 nochmals renoviert. Aufgrund der Baugeschichte ist auch das Inventar überwiegend neueren Datums.

Rund um die Kirche erstreckt sich zwischen Snellemark und Zahrtmannsvej, zwischen Munch Petersens Vej und Søndergade Rønnes schönstes Viertel. Berühmtester, weil meistfotografierter Straßenzug ist dabei Vimmelskaftet.
Kirkepladsen
Mo–Sa 9–16 Uhr

Råd-, Ting- og Arresthus ■ c 4

Als eines der schönsten Häuser am Marktplatz erweist sich das frühere Rathaus, das dereinst zugleich als Gericht und Gefängnis diente. Es entstand 1834.
Store Torv 1

Theater ■ d 3

Das Rønner Theater ist das älteste noch bespielte Provinztheater Dänemarks. Es wurde 1823 eingeweiht. Heute dient es in erster Linie der Aufführung von Mundart-Stücken.
Teaterstræde 2

Toldboden ■ d 3

Das mächtige Gebäude entstand 1684 und diente als Lager und Proviantraum für die Marine. Später wurde es zum Zollamt. Bemerkenswert ist die Szenerie auf der Mauer zum Hafen hin. Sie sehen dort »Der Teufel zwischen den beiden kläffenden Höllenhunden«, zwei Hunde, die auf eine ziemlich unteuflisch schauende Person zustürmen.

Museen und Galerien

Bornholms Museum

Für Bornholm-Einsteiger unbedingt empfehlenswert, wird hier die Geschichte der Insel doch ebenso eindrucksvoll illustriert wie etwa Flora und Fauna und Bornholmer Besonderheiten wie die Rundkirchen.
Sct. Mortensgade 29
April–Okt. Mo–Sa 10–17,
So 13–17 Uhr, Nov.–März Di, Do, So 14–17 Uhr
Eintritt 20, Kinder 5 DKK

Erichsens Gård

In dem Haus der Anwaltsfamilie Erichsen verkehrte der Schriftsteller Holger Drachmann einst ebenso wie der Maler Kristian Zahrtmann. Drachmann war in erster Ehe mit der Tochter Erichsens, Vilhelmine, verheiratet, von der es auch ein sehr schönes Porträt, gemalt von Zahrtmann, gibt.

Bis heute ist der bürgerliche Charakter des Interieurs erhalten und vermittelt einen schönen Eindruck vom Lebensstil Ende des vorigen Jahrhunderts. Im Garten werden verschiedenste Kräuter angepflanzt.
Laksegade 7
Mai–Okt. Mo–Sa 10–17,
So 13–17 Uhr
Eintritt 15 DKK, Kinder gratis

Forsvarsmuseet på Bornholm ■ f 4

Das »Verteidigungsmuseum« ist im alten Kastell südlich des Stadtkerns untergebracht. Das Gebäude entstand 1688–89 und war als Teil einer größeren Befestigungsanlage um Rønne geplant. Diese Pläne wurden jedoch bald fallengelassen. Um das Kastell herum finden sich zudem noch einige Zeughäuser aus der Zeit 1816–41.

Die Ausstellung selbst zeigt die Historie des Militärs auf Bornholm.

SEHENSWERTE ORTE UND AUSFLUGSZIELE

Wer je mit dem Schiff nach Bornholm kommt,
wird diesen Anblick nie vergessen.
Rund um die Nikolaikirche erstreckt sich
Rønnes schönstes Viertel.

Burgen, Kirchen, Schanzen und ihr Verteidigungscharakter sind dabei ebenso Thema wie die Zeit der Besatzung durch Deutsche und Sowjets. Des weiteren werden Waffen, Uniformen, Militärfahrzeuge etc. gezeigt. Eine in jedem Fall sehr informative Schau.
Kastellet
Mai–Sept. Di–So 10–16 Uhr
Eintritt 15, Kinder 10 DKK

Galerie Fjord ■ c 3

Diese kleine Galerie gewährt einen hübschen Einblick in das Schaffen Bornholmer Maler. Manches scheint arg kitschig, hier und da sind aber durchaus eindrucksvolle Werke zu sehen.
Snellemark 19

Essen und Trinken

Di 5 stâuerna

In diesem im Hotel Fredensborg eingerichteten Restaurant geht es bei aller Klasse doch sehr leger zu.

TOPTEN 8 Fisch und Fleisch halten sich auf der Karte die Waage, Sie sollten unbedingt auf die Tagesangebote achten. Die Weinkarte ist reichhaltig, der Service sehr freundlich. Und nach dem Dessert können Sie im Salon auf dem Sofa noch ausspannen.
Strandvejen 116
Tel. 56 95 44 44
Tgl. 11–21.45 Uhr
Obere Preisklasse

Restaurant China ■ c 3

Bornholms einziges China-Restaurant bietet erstklassige Gerichte zu vernünftigen Preisen. Selbst die Königin soll sich schon der Qualität dieser Küche versichert haben. Eine gute und günstige Gelegenheit für all die, die der bürgerlich-dänischen Küche einmal entfliehen möchten.
Tornegade 1

Tel. 56 95 34 75
Tgl. 17–22.30 Uhr
Mittlere Preisklasse

Fisken

Ebenfalls im Hotel Fredensborg untergebracht, heller, vielleicht atmosphärisch etwas kühler, doch mit hervorragender Fischküche. Donnerstags wird zwischen 18.30 und 20 Uhr ein großes Fischbüffet angeboten.
Strandvejen 116
Tel. 56 95 44 44
Mai–Sept. 11–21.45 Uhr
Obere Preisklasse

Den grønne Café ■ d 4

Kleines Café mit gesunder Küche, so etwa Nußpastete, Porree in Blätterteig, Gemüsetorte mit gemischtem Salat oder Pastete aus roter Bete.
Østergade 40
Tel. 56 95 05 28
Tgl. 10–19 Uhr
Untere Preisklasse

Restaurant Fyrtøjet ■ d 3

Einmal bezahlen und dann soviel essen, wie hineinpaßt – damit wirbt dieses Restaurant. Mittags (12–15 Uhr) gibt es das H.C. Andersen Dichtermenü für 69.50 DKK, abends (ab 18 Uhr) das Märchenbüffet für 99.50 DKK. Das große Büffet, an dem Sie sich selbst bedienen können, bietet mittags vor allem viel Fisch. Sicherlich eine interessante Alternative zum gängigen Restaurantbesuch.
St. Torvegade 22
Tel. 56 95 30 12
Mai–Aug. tgl. 12–22.30 Uhr;
Sept.–April 12–21.30 Uhr
Mittlere Preisklasse

Café Hovedvagten ■ d 4

Das Café in der Rønner Hauptwache bietet etwas Fisch, vor allem aber

Steaks und Spaghetti. Bei gutem Wetter wird auch draußen serviert, leider ist es dort wegen der Durchgangsstraße nicht gerade leise.
Søndergade 12
Tel. 56 95 38 69
Tgl. 18–22 Uhr
Mittlere Preisklasse

Restaurant Perronen ■ b 3
Im ehemaligen Bahnhofsgebäude untergebracht. Die Züge fahren nicht mehr, die Bahnhofshallenatmosphäre ist geblieben. Kleine Karte mit Standards, Spezialität sind Spareribs.
Snellemark 2
Tel. 56 95 84 40
Tgl. 12–21 Uhr
Mittlere Preisklasse

Café Plus ■ c 3
Eine Mischung aus Café und Pizzeria, außerdem gibt es hier Salate und Smørrebrød.
Store Torv
Mo–Sa 11–22 Uhr

Rothe ■ c 3
Bornholms beste Konditorei. Tolle Kuchen, die man aber, mit dem guten Kaffee, auch gleich vor Ort probieren kann. Wer nur kaufen möchte, muß am Eingang eine Nummer ziehen, damit die Reihenfolge unter den Wartenden stimmt.
Snellemark 41

Raadhuskroen ■ d 3
Rustikalgemütliches Lokal am Marktplatz. Die mittägliche Smørrebrødauswahl ist empfehlenswert, die abendliche Spezialität ist das Pfeffersteak mit Gemüse und Pfeffersauce.
Nørregade 2
Tel. 56 95 00 69
Mo–Sa 11–23 Uhr
Mittlere Preisklasse

Strøgets Spisehuz ■ d 2/d 3
Schnelle, einfache, dennoch solide Küche, das Spektrum reicht von Smørrebrød über Omelett bis zu Fisch, Schnitzel und Steak.
St. Torvegade 39
Tel. 56 95 81 69
Di–Sa 11–22, So 12–22 Uhr
Mittlere Preisklasse

Vinstuen 13 ■ d 3
Wer gegen Abend nur auf einen Wein oder ein Bier gehen möchte, ist hier richtig. Auch Einheimische lassen hier den Tag ausklingen.
Lille Torv 13
Mo–Do, Sa 10–19, Fr 10–22 Uhr

Einkaufen

Colberg's Boghandel ■ d 3
Die am Marktplatz gelegene Buchhandlung führt außerdem Koffer und Computer sowie die wichtigsten deutschsprachigen Zeitungen. Auf der Empore gibt es ein Antiquariat mit deutschsprachigen Werken, ein Schnäppchen ist hier allerdings nicht zu machen, man kennt die Marktpreise.
St. Torv 9

Dams Boghandel ■ c 3
Die eine Hälfte des Geschäftes bietet Bücher und Schreibwaren an, die andere ist ostasiatisch orientiert: Tee, Hemden, Kerzen und anderes, was so in Hongkong und Umgebung produziert werden kann. Mogens Dam führt außerdem deutschsprachige Taschenbücher.
Snellemark 36

Expert ■ d 3
Der wohl beste Plattenladen der Insel. Wer dänische Rock- oder Folkmusik mag, wird hier allemal fündig. Internationale Produktionen sind allerdings zu Hause billiger.
St. Torvegade 10

SEHENSWERTE ORTE UND AUSFLUGSZIELE

Guldhuset ◼ d 3
Der beste Juwelier der Insel. Das Angebot reicht von Modeschmuck über eine große Bernstein-Auswahl bis zu edlen Marken wie Lapponia oder Georg Jensen.
Bornholmercentret

Inspiration ◼ d 3
Spezialist für die Verschönerung des Heimes, ob durch Stoffe, Kerzen, Porzellan der Kopenhagener Manufakturen oder geschmackvoll designtes Küchengerät.
Lille Torv 1

Jyttes Biks ◼ d 3
Steine, vor allem aber günstiger Gebrauchsschmuck. Wer witzige Ohrringe sucht, ist hier richtig.
Nørregade 1

Mads Magasin ◼ d 3
Alles, was der Bierfan so braucht, wird hier geboten, von der Tuborg-Schürze über die Carlsberg-Kerze bis hin zum Faxe-Glas.
St. Torvegade 24b

»Sabber« Galleri Solberg ◼ d 4
Aus der Ferne meint man, symmetrische Malerei zu sehen, doch bei näherem Hinsehen entpuppen sich Sabbers Werke als ebenso phanta-

sievolle wie gekonnte Scherenschnitte.
Bagergade 13

Simon Madsen ◼ d 3
Bornholms führendes und traditionsreiches Textilhaus, wer wissen will, was z.Zt auf der Insel »in« ist, schaut hier hinein. Sehr umfassend ist die Auswahl an Kinderkleidung, im ersten Stock befindet sich zudem der Jeansshop »You & Me«.
Lille Torv 6

Snellemarkcentret ◼ b 3
Dieses Einkaufszentrum zwischen Markt und Hafen wurde erst im Sommer 1994 eröffnet. Hauptanziehungspunkt ist natürlich das Kaufhaus Kvickly. Außerdem gibt es hier u. a. eine Drogerie, einen HiFi-laden, eine Modeboutique und mit dem »Spisekrogen« ein günstiges Restaurant.
Snellemark

Aage und Bent Svendborg Petersen ◼ f 1
Mit aller Sorgfalt und Gründlichkeit werden hier noch Bornholmer Uhren nach historischem Vorbild angefertigt. Jedes kleine Detail wird handgefertigt. Soviel Arbeit hat ihren Preis, ein paar tausend Mark

Bent Svendborg Petersen bei der Arbeit

muß man schon hinlegen. Und kann die Uhr doch nicht gleich mitnehmen. Die Wartezeit beträgt ca. ein Jahr, dann bringen die Svendborgs die Uhr aber auch persönlich vorbei.
Torneværksvej 26

Søholm Keramik ■ d 3
Eine der berühmtesten Bornholmer Keramikwerkstätten, immerhin schon 1835 gegründet. Die Boutique befindet sich im Zentrum, die Fabrik selbst etwas außerhalb. Durch letztere gibt es regelmäßige, informative und deshalb sehr zu empfehlende Führungen.
Lille Torv 2 (Boutique)
Lillevangsvej 6, kostenlose Führungen Di, Do 11 Uhr

Mr. Thue ■ d 3
Im Zeitalter der zunehmenden Markenorientierung wird jetzt auch bei Bornholms größtem Herrenausstatter mehr Wert auf Handel mit den Weltmarken gelegt.
St. Torvegade 1

Vin & Tobak ■ c 3
Die beste Auswahl an deutschsprachigen Zeitungen und Zeitschriften auf der Insel. Außerdem ein breites Angebot an Pfeifen und Weinen.
Snellemark 34

Østerbro
Kunsthåndværk & Antik ■ e 2
Kleiner, gutsortierter Antikladen außerhalb des Stadtzentrums.
Borgmester Nielsens Vej 94
Di, Mi, Fr 16.30–18, Do 14–18, Sa, So 10–14 Uhr

Am Abend

Annabels ■ d 2
Wer nachts auf die Piste möchte, wird hier im Hotel Griffen fündig.
Kredsen 1
Mi–Sa 24–5 Uhr

Sverres Swing Café ■ d 3
Einfache, auch unter Jugendlichen beliebte Pinte mit Livemusik (meistens Jazz).
Sct. Mortensgade 48
Fr, Sa 20–2 Uhr

Sølvcafeen ■ d 3
Im »bornholmercenter« gelegenes Café, das dank seiner zentralen Lage gerne von Touristen frequentiert wird. Besonders die Schweden scheinen davon angetan zu sein, daß man so spät noch so günstig richtiges Bier bekommt.
St. Torv 11
Mo–Fr 11–2, Sa 10–2, So 14–2 Uhr

Service

Bornholm Show ■ d 3
Im Rønner Kino wird eine knapp halbstündige Diashow über die Geschichte der Insel gezeigt. Wenngleich manche Bilder etwas arg düster und die unterlegte Musik überflüssig wirken, so lohnt sich doch ein Besuch.
Rønne Bio, Store Torv
Eintritt Erwachsene 20 DKK, Kinder 10 DKK

Bornholms Velkomstcenter ■ b 3
Man gönnt sich ja sonst nichts. Wer es nicht weiß, findet das nahe des Fähranlegers errichtete, 1992 eröffnete und völlig überdimensioniert wirkende Willkommenscenter wohl nur schwerlich. Die in den weitläufigen Räumen untergebrachten Mitarbeiter wirken etwas verloren.
Ndr. Kystvej 3
Tel. 56 95 95 00
Juni–Mitte Sept. Mo–Do 7–22.30, Fr–So 7–2.30 Uhr; Mitte Sept.–Mai Mo–Fr 9–17, Sa 12–15 Uhr

SEHENSWERTE ORTE UND AUSFLUGSZIELE

Ausflugsziele

Arnager ■ B 5

Östlich von Arnager hört der großartige Strand auf, der sich von Balka aus an Dueodde vorbei Richtung Westen erstreckt. Richtung Rønne folgt dann bald der Flugplatz. Auch Arnager besitzt eine schöne, durchaus idyllische Bebauung. Biegt man von der Hauptstraße aus Rønne Richtung Arnager ein, so weist schon nach wenigen Metern links ein Schild auf zwei Ganggräber hin.

Knudsker ■ B 4

Als Ort nimmt man Knudsker kaum wahr, es gibt nur ein paar Häuser links und rechts der Straße von Rønne nach Almindingen.

Sehenswertes

Knudskirke
Diese klein wirkende Kirche macht von außen einen merkwürdigen Eindruck. Der größte Teil besteht aus weißverputzten Feldsteinen, der Turm erinnert eher an die neueren Kirchen in Vestermarie oder Rø. Er wurde 1878–79 umgestaltet.
Juni–Aug. Mo–Sa 9–18 Uhr

Nyker ■ B 4

Nyker ist ein unscheinbarer Ort zwischen Rønne und Klemensker. Doch immerhin steht hier eine der Bornholmer Rundkirchen.

Sehenswertes

Nykirke
Man nimmt an, daß dies die jüngste der vier Bornholmer Rundkirchen ist. Sie soll auch niemals als Wehrburg gedient haben, wenngleich sie entsprechend konstruiert wurde. Immerhin besitzt sie nur zwei Stockwerke, im Gegensatz zu den dreien der anderen Rundkirchen.

TOPTEN 6

Sehr schön sind bereits die Portale, deren Entstehungsdaten jeweils im Rahmen festgehalten sind. Im Kircheneingang fällt linker Hand der Runenstein auf: »Lo... ließ diesen Stein errichten für seinen Sohn Sven, den sehr wohlgeborenen Jungen – und für seinen Bruder. Der heilige Christ helfe den Seelen beider Brüder«.

Im Inneren fällt der Blick zunächst auf den mächtigen Mittelpfeiler mit sehr schön erhaltenen Malereien, der Leidensgeschichte Jesu zeigen.
Mo–Sa 8–17 Uhr

Bente Hammer druckt im Schatten der Nykirke

Agremøllens Antik & Genbrug
Einer der besten Antikläden der
Insel, weil hier Preis und Leistung
noch in einem gesunden Verhältnis
stehen. Vor allem viel Möbel.
Pluggegårdsvej 7
Mi–So 13–17 Uhr

Bente Hammer
Mit viel Geschäftssinn hat sich Ben-
te Hammer binnen weniger Jahre
eine wachsende Gemeinde für ihren
Textildruck erobert. Ob Kleid, Bluse
oder Krawatte, was zu Füßen der
Rundkirche produziert wird, besitzt
Chic.
Hovedgade 32

Nylars ■ B 5

Ein paar Häuser, ein Kaufmann und
– eine Rundkirche!

Sehenswertes

Nylarskirke
Unter Fachleuten gilt die Nylarskirke
als baulich harmonischste der vier
Bornholmer Rundkirchen.
Selbstverständlich hat auch sie
drei Stockwerke.
   Die kräftig und massiv wirkende
Rundkirche besitzt auf dem Mittelpfeiler sehr schöne Malereien, vermutlich aus dem 13. Jh., die aber
erst Ende des 19. Jh. wieder freigelegt wurden. Stolz ist man hier auch
auf den Taufstein aus Gotland.
15. April–Ende Okt. 9–17 Uhr

Einkaufen

Vesteled-Smedjen
Schmiedearbeiten, auch dekorativer
Art, z.B. Kerzenleuchter, zu reellen
Preisen im Nachbarort Lobbæk.
Rønnevej 95
Lobbæk

Im Innenraum der Nylarskirche

Vestermarie ■ B 4

Ein kleiner Binnenort ohne eigent-
liche Höhepunkte.

Sehenswertes

Vestermarie Kirke
Diese gehört in eine Reihe mit den
Kirchen in Rø, Østermarie und
Gudhjem. Auch hier wurde die ur-
sprüngliche Kirche für zu klein
befunden und deshalb 1880–83 abgerissen. An ihrer Stelle errichtete
man die jetzige Kirche, wobei hier,
im Unterschied zu Østermarie und
Gudhjem, keine Reste der älteren
Kirche erhalten blieben. Immerhin
wurden jedoch Teile des Inventars
übernommen, so z.B. Glocken und
Taufbecken. Bemerkenswert sind
die sechs Runensteine an der
Außenmauer, die allerdings nur zum
Teil hier gefunden wurden. Leider
ist die Schrift stark verwittert.
Mo–Sa 9–17 Uhr

TOP TEN
6

Man fragt sich, warum sich um 1900 gerade hier der Bornholmer Tourismus entwickelte. Die Umgebung ist felsig, der Strand sehr kurz.

Sandvig
■ B 1

Doch wenn man sich erst einmal intensiver auf den Ort eingelassen hat, spürt, wie sich die Sonne ihren Weg durch die von weißgetünchten Häusern umsäumten Gassen sucht, dann begreift man das mediterrane Gefühl, das schon um 1900 die Stadt geprägt haben muß.

Sandvig ist beim besten Willen nicht spektakulär. Es ist beschaulich und im Hochsommer höchst betriebsam. Hier stehen mehr Hotels und Pensionen als anderswo auf Bornholm. Und dennoch hat der Ort seinen ganz eigenen Charme erhalten können.

Tagsüber kann man die kleine Strandbucht nutzen. An der Strandpromenade läßt sich abends gut flanieren. Man ist in wenigen Minuten im Nachbarort Allinge, wo es sich besser shoppen läßt, oder an der Burgruine Hammershus. Oder kann noch ein Stück an Bornholms Nordspitze Hammeren spazieren. Oder vielleicht schnell noch zur Rundkirche in Olsker. Nur zu den Stränden im Süden ist es weit.

Strandhotellet und Hotel Nordland thronen über dem Hafen

Hotels und andere Unterkünfte

Grethas Pension
Gemütliche, saubere Pension in der
zweiten Reihe.
Nygade 7
Tel. 56 48 10 10, Fax 56 48 18 89
35 Zimmer, 12 Apartments
Mittlere Preisklasse

Hotel Hammersø
Von außen eines der häßlichsten
Bornholmer Hotels, im Inneren
aber sehr großzügig, fast wuchtig
gestaltet. Sehr ordentlich und ge-
pflegt, zudem eine traumhafte
Lage am Hammersø.
Hammershusvej 86
Tel. 56 48 03 64, Fax 56 48 10 90
50 Zimmer, 3 Apartments
Obere Preisklasse

Pension Langebjerg
Einfache, aber gute Pension ober-
halb des Ortes, sehr schöner Garten.
Langebjergvej 7
Tel. 56 48 02 98, Fax 56 48 22 98
24 Zimmer, 2 Apartments
Untere Preisklasse

Pension Lindesdal
Kleines, solides Haus unmittelbar
am Hammersø.
Hammersøvej 1
Tel. 56 48 17 50
14 Zimmer
Untere Preisklasse

Hotel Nordland
Außen mondänes, im Inneren einfaches, gepflegtes Haus unmittelbar
am Sandviger Hafen. Im Haus ist
das Restaurant »Ded søda Hjørned«
eingerichtet, in dem gutbürgerliche
Küche zu akzeptablen Preisen serviert wird (17–21.30 Uhr).
Strandpromenaden 5
Tel. 56 48 03 01, Fax 56 48 22 01
24 Zimmer, 9 Apartments
Mittlere Preisklasse

Hotel Pepita
Gutes, gepflegtes Hotel an der
Durchgangsstraße.
Langebjergvej 1
Tel. 56 48 04 51, Fax 56 48 18 51
36 Zimmer, 1 Apartment
Mittlere Preisklasse

Hotel Romantik
An der Straße nach Allinge unmittel-
bar am Meer gelegen. Das Gebäude
wurde 1992 völlig renoviert und prä-
sentiert sich heute hell und modern.
Gutes Restaurant. Ebenfalls im
Haus untergebracht ist »Karstens
Kælder«, wo von 17–22 Uhr u.a. ein
Fondue für 99 DKK angeboten wird.
Strandvejen 68
Tel. 56 48 03 49
50 Zimmer
Mittlere Preisklasse

Pension Sandbogård
Ordentliche Pension mit sehr schö-
nem Innenhof und Garten.
Landemærket 3
Tel. 56 48 03 03
21 Zimmer
Untere Preisklasse

Strandhotellet
→ Hotels und andere Unterkünfte,
Der Besondere Tip, S. 17

Hotel Verona
Solides, kinderfreundliches Haus
oberhalb des Ortes.
Langebjergvej 12
Tel. 56 48 09 80, Fax 56 48 09 81
31 Zimmer
Mittlere Preisklasse

Sehenswertes

Jens Kofoeds Minde

An der Strandpromenade befindet sich ein Gedenkstein für Bornholms Befreier Jens Kofoed: »Jens Kofoed – Bornholms Befrier – 9.12.1658«.

Rådstue

Das kleine Häuschen diente früher als Versammlungshaus, später aber auch als Gefängnis. Zum Meer hin werden zudem einige Schanzen erkennbar. Früher gab es hier z.T. alle 150 m solche Erdwälle. Die Mehrzahl wurde allerdings in den letzten beiden Jahrhunderten geschleift. Strandpromenaden 24

Museum

Moseløkken

Zwischen Sandvig und Hammershus befindet sich das »arbeitende Steinbruchmuseum« Moseløkken. Man darf zwar aus Sicherheitsgründen nicht in den Steinbruch selbst, ein kleines Museum und die vor dem Gebäude tätigen Steinhauer können jedoch einen guten Eindruck der Arbeit vermitteln. Vom Parkplatz sind es übrigens noch ca. 15 Minuten zu Fuß bis zum Museum.
Mai–Okt. Mo–Fr 10–12 und 13–16 Uhr
Eintritt 10 DKK

Essen und Trinken

Arvidsens

Geschmackvoll eingerichtetes, traditionsreiches Café.
Hammershusvej 18

Ellas Konditori

Keine Bäckerei, sondern ein Restaurant mit einem hübschen Garten. Nach einem Besitzerwechsel hat die Qualität leider nachgelassen.
Strandgade 42

Tel. 56 48 03 29
April–Okt. tgl. 11–12 Uhr
Mittlere Preisklasse

Hos Steff

Kleine, ständig wechselnde Karte mit guter dänisch-französischer Küche.
Strandgade 1
Tel. 56 48 10 30
Tgl. 11–22 Uhr
Obere Preisklasse

Orientalsk Restaurant

Es mag etwas widersinnig erscheinen, ausgerechnet auf Bornholm indisch oder japanisch essen zu gehen. Doch die hier angebotenen Speisen sind durchaus vertraute Standards, so das Chicken Curry.
Torvet
Tel. 56 48 21 02
Tgl. 11–24 Uhr
Mittlere Preisklasse

Papa Babar

In dieser eher rustikalen Stube gibt es Pizza und andere italienische Leckereien. Livemusik sorgt zuweilen für zusätzliche Stimmung.
Strandgade 8
Tel. 56 48 03 00
Tgl. ab 16.30 Uhr
Untere Preisklasse

Strandpromenaden

Unmittelbar am Wasser gelegenes Restaurant mit reichhaltiger Karte, die Fisch und Fleisch gleichermaßen berücksichtigt. Sensationen entdeckt man hier nicht, doch was auf den Tisch kommt, ist gekonnt zubereitet. Reichhaltige Weinkarte.
Tel. 56 48 02 35
Tgl. 12–22 Uhr
Mittlere Preisklasse

Service

→ Allinge, S. 39

Ausflugsziele

Hammershus ■ B 2

Vollständig erhalten ist sie nun beim besten Willen nicht mehr, doch selbst als Ruine wirkt die Burg Hammershus irgendwie majestätisch. Vom meist überfüllten Parkplatz schreitet man, an Kiosk und Cafeteria vorbei, auf die Burg zu, die sich nach wie vor eindrucksvoll unmittelbar an der Küste in den Himmel reckt. Dies also war früher auf Bornholm das Zentrum der Macht!

TOP TEN 1

Von hier lenkte zunächst die Kirche die Geschicke der Insel, später die weltlichen Herrscher, so etwa die Lübecker 1525–75, als der dänische König ihnen die Insel für 50 Jahre vermachte. Hier überlisteten die Bornholmer 1658 die schwedischen Besatzer und befreiten die Insel, hier versuchte die Königstochter Leonora Christine mit Mann und Diener aus der Gefangenschaft zu fliehen. Hier holten sich später die Bornholmer Burgsteine als Baumaterial für die eigenen vier Wände. Und hier spielte auch manch dramatische Erzählung, so etwa Martin Andersen Nexøs »Der Todeskampf«.

Den Grundstein legte 1255 der Lunder Erzbischof Jacob Erlandsen, der sie als geistliches Gegengewicht zur Lilleborg im Almindinger Wald anlegen ließ. Wer in der Folgezeit die Macht über Bornholm besitzen wollte, mußte über Hammershus gebieten. Oft genug ist die Burg deshalb angegriffen worden, oft genug hat sie diesen Angriffen standgehalten. Zu Lasten der Bausubstanz.

Die heute klar erkennbaren dunkelroten Bauteile stammen aus der schon erwähnten Lübecker Zeit. Bei allem Schrecken, den die Lübecker während ihrer Herrschaft hier

verbreiteten, muß man ihnen doch zugute halten, daß sie Hammershus der Nachwelt erhalten haben.

1822 unter Denkmalschutz gestellt, ist Hammershus heute Nordeuropas zweitgrößter Ruinenkomplex, nur die gotländische Hauptstadt Visby ist gewichtiger. Die Bedeutung der noch erhaltenen Gebäudeteile wird in Schautafeln jeweils erklärt. In der kleinen Ausstellung, die im Gebäude der Cafeteria untergebracht ist, wird die Geschichte der Insel sehr anschaulich dargestellt. Man bekommt einen guten Eindruck, wie die Anlage dereinst komplett ausgeschaut haben muß.

Von der Burg hat man nicht nur einen guten Blick hinüber nach Schweden und auf den zuweilen recht regen Schiffsverkehr, sondern auch auf Hammerknuden, Bornholms Nordzipfel, und die Gesteinsformen, die als »Löwenköpfe« bzw. »Kamelköpfe« bezeichnet werden. Dabei sind die »Kamelköpfe« sehr leicht erkennbar, erheben sie sich doch unmittelbar zu Füßen der Burg aus dem Wasser. Für das Erkennen der »Löwenköpfe« bedarf es ein wenig mehr Phantasie. Es ist die Felspartie direkt neben den Kamelköpfen, die Löwen blicken auf das Meer hinaus.

Unterhalb der Burg beginnt ein Spazierweg, der nicht nur zu den Löwen- und Kamelköpfen führt, sondern auf dem man auch noch weiter Richtung Süden durch »Slotslyngen« (Schloßwäldchen) spazieren kann. Ein Blatt mit vorgeschlagenen Routen erhalten Sie bei den Touristenbüros.

Ausstellung: Mai–Sept. 10–17; April, Okt. 10–16 Uhr
Eintritt Erwachsene 10 DKK, Kinder 3 DKK
Die Burg selbst ist immer geöffnet, der Eintritt ist frei.

Hammerhus – einst der Schlüssel
zur Macht über Bornholm,
heute noch Nordeuropas zweitgrößter
Ruinenkomplex

Hier geht in Dänemark die Sonne zuerst auf. Denn Dänemarks kleinste Kaufmannsstadt ist zugleich auch die östlichste des Landes.

Svaneke

■ D 6

Svaneke hat schon immer mit seiner historischen Bebauung und seinem hübschen, überschaubaren Hafen begeistern können. 1975 prämierte der Europarat die Innenstadterhaltung. In den letzten Jahren ist aus dem Städtchen mit seinen nur 1 200 Einwohnern aber auch ein zumindest im Sommer quicklebendiges Einkaufszentrum geworden. Rund um den Marktplatz und hinunter zum Hafen reihen sich zahlreiche Boutiquen aneinander, Keramiker scheinen Svaneke ganz besonders zu lieben. Doch auch das Umland besitzt seine Reize. Im Landesinneren etwa die Naturschule **Grynebækken**, das Kinderparadies **Brændesgårdshaven** oder die Stadt **Østermarie** mit ihrem merkwürdigen Nebeneinander zweier Kirchen. Oder im Süden das verträumte Städtchen **Årsdale** mit seiner historischen Windmühle und den Räuchereien

Nicht vergessen werden sollte schließlich, daß hier in Svaneke z. B. Feigen wachsen, was ja sonst nicht gerade typisch für den Ostseeraum ist.

Linie 1 zeigt Svaneke
aus ungewohnter Perspektive

Hotels

Hotel Siemsens Gaard

Gutes, zu Recht renommiertes Haus am Hafen. Das historisch geprägte Gebäude erweist sich im Inneren als modern und gepflegt. Es besitzt ein gutes Restaurant und einen sehr schönen Innenhof mit Blick aufs Wasser.
Tel. 56 49 61 49, Fax 56 49 61 03
50 Zimmer
Mittlere Preisklasse

Hotel Østersøen

Moderne, geschmackvoll eingerichtete Zimmer, teilweise mit Hafenblick. An dieses reine Apartmenthotel angeschlossen ist ein vorzügliches Restaurant, in dem vor allem Fischfreunde auf ihre Kosten kommen.
Havenbryggen 5
Tel. 56 49 60 20, Fax 56 49 72 79
37 Apartments

Sehenswertes

Brændesgårdshaven

Bornholms Antwort auf den Kopenhagener Tivoli liegt ein paar Kilometer westlich von Svaneke. Jede Menge Karussells und Schaukeln, Tretautos und eine Schwebebahn, ein See mit Ruderbooten, Wasserrutschbahnen, Tiere und eine Cafeteria. Brændesgårdshaven ist ein überschaubarer und doch nie langweiliger Erlebnispark, nicht nur für die Jüngeren. Angenehm, daß hier nicht auf Hightech gesetzt wird. Hat man einmal Eintritt bezahlt, so sind alle weiteren Aktivitäten kostenlos. Denken Sie daran, für die Wasserrutschen das Badezeug mitzunehmen. Einziger Nachteil ist, daß der Park im Hochsommer mitunter übervoll ist und man bei einigen Aktivitäten länger warten muß.

Mai–Mitte Juni, Mitte Aug.–Sept. 10–18 Uhr, Wasserland 12–16 Uhr (ab 15. Sept. geschl.)
Eintritt 40 DKK
Mitte Juni–Mitte Aug. 9–20 Uhr, Wasserland 11–18 Uhr
Eintritt 50 DKK

Brændesmark Urtegaard

Auf die Heilkraft der Kräuter zu vertrauen, ist ja derzeit wieder groß in Mode. Warum nicht auch auf Bornholm, mag sich Elizabeth Løvegal vor ein paar Jahren gedacht haben. 3 km westlich von Svaneke hat sie an der Straße nach Østermarie ihren Kräutergarten angelegt. Ca. 250 Pflanzen gibt es zu bestaunen, natürlich kann man auch entsprechende Produkte erwerben.
Svanekevej 42
Mo–Do 10–17 Uhr
Eintritt 20 DKK (inkl. Buch über Kräuter und Garten)

Grynebækken

Bornholms ökologischer Musterbetrieb. Hier wird experimentiert, wie man Flora und Fauna hegen und pflegen kann, ohne daß die Umwelt belastet wird. Fische werden aufgezogen, Wasser wird gereinigt, Pflanzen zum Blühen gebracht, ohne das Chemie verwendet wird. Vielmehr werden die natürlichen Ressourcen intelligent eingesetzt.
Østermarievej 4b
Mai–Sept. Mo–Sa 13–17 Uhr
Eintritt Erwachsene 25 DKK, Kinder 10 DKK

Ibskirke

Weil hier ca. 3 km südwestlich von Svaneke rundherum Bebauung fehlt, wirkt diese romanische Langkirche sehr dominierend. Sie entstand vermutlich Ende des 12. Jh. Bemerkenswert ist der vierstöckige Turm, der wohl in erster Linie als Magazin genutzt wurde. Einen Blick

sollte man auch auf die vier Evangelisten aus Keramik werfen, die 1964 von dem Bornholmer Künstler Poul Høm geschaffen wurden.
Mo–Sa 9–16 Uhr

Svaneke Kirke

Das gedrungene Gebäude ca. aus dem Jahre 1350 hat anfänglich nur aus dem Langhaus bestanden, 1789 kam der Westturm hinzu. Entscheidend war ein Umbau 1881, bei dem die Kirche nach Osten verlängert wurde. Mit dem Umbau verschwand aber auch der größte Teil des historischen Inventars. Allein die Kanzel aus dem Jahre 1683 blieb erhalten.
Mo–Sa 8–17 Uhr

Wasserturm

Sie kennen das Opernhaus im australischen Sydney? Der Mann, der es erschuf, der Däne Jørn Utzon, zeichnete auch den Wasserturm, der am Nordrand Svanekes steht.

Essen und Trinken

Pakhuset

Hier wälzt man keine schweren Speisekarten hin und her. Statt dessen gibt es Menüs mit zwei oder drei Gängen, die man sich anhand einer kleinen Auswahl wie ein Mosaik selbst zusammenstellen kann. Ordentliche, nicht überraschende Küche in rustikalem Ambiente.
Brænderigænget 3

Tel. 56 49 65 85
Juni–Mitte Aug. tgl. 12–22 Uhr, Mai,
Mitte Aug.–Ende Okt. 17.30–22 Uhr
Mittlere Preisklasse

Rafael's Pizza & Kunst
Nicht nur eine gute Pizza. Man legt
auch Wert auf Kunst an den Wän-
den. Und am Abend fließt im
»Musikballaden« genannten Neben-
gebäude bei Livemusik das Bier.
Torvet 5
Tel. 56 49 73 21
Tgl. 12–15 und 17.30–22 Uhr
Mittlere Preisklasse

Røgeri
Vielleicht die meistfrequentierte
Räucherei der Insel. Nördlich des
Hafens sitzt man unmittelbar am
Wasser und verzehrt einen »Born-
holmer« nach dem anderen.
Fiskergade 12

Svanen
Unmittelbar am Hafen gelegenes
Restaurant mit einer kleinen Karte,
auf der sich selbstverständlich Fisch
findet, aber auch Nudeln und Geflü-
gel. Gute Qualität, reelle Preise.
Storegade 1
Tel. 56 49 69 99
Tgl. 12–15, 18–21 Uhr
Obere Preisklasse

Einkaufen

Glastorvet
→ Einkaufen, Der Besondere Tip,
S. 27

Inge & Peters Keramik
Gebrauchskeramik, vor allem in
leuchtenden Blautönen.
Nansensgade 4
Mo–Fr 8–17.30, Sa, So 8–14 Uhr

Markt
Freitags und samstags findet auf
dem Marktplatz Wochenmarkt statt.
Doch was das Touristenbüro als
Verkaufsveranstaltung von Bauern
und Krämern aus der Umgebung
darstellt, erweist sich in der Realität
zum Teil als Ansammlung von
Ramsch und Nippes.

Hanne Møller
Wohl größter Antiquitätenladen der
Insel, bietet vor allem viel Glas,
Silber und Porzellan an. Billig ist es
hier nicht.
Nansensgade 11

Svaneke Antikvitetshandel
Hat sich binnen weniger Jahre vom
Geheimtip zum etablierten Antikla-
den entwickelt. Leider sind auch die
Preise entsprechend gestiegen. Das

Keramik gehört zu den beliebtesten Mitbringseln

Angebot ist allerdings von gutem Niveau.
Kirkebakken 4

Svaneke Lys

Einer der besten und größten Kerzenläden der Insel.
Brænderigænget 5

Svanekegården

In diesem 1991 eröffneten Gewerbe- und Kulturzentrum gibt es zum einen Verkaufsausstellungen zumeist einheimischer Künstler. Zum anderen aber auch Musik- und Theatervorstellungen und Vorträge.
Skippergade 2–4
Mitte Juni–Okt. Di–So 10–16 Uhr

Galerien

Galerie 61

Schon seit Jahren stellt Børge Hermann Hansen seine Werke hier in unmittelbarer Marktnähe aus. Er zählt zweifelsohne zu den populärsten Gegenwartskünstlern der Insel.
Postgade 17

Galerie Svaneke

In einem ehemaligen Holzlager hat Anders Nyborg seine riesige Galerie eingerichtet. Ausgestellt werden Werke von – Anders Nyborg!
Brænderigænget 6

Service

Svaneke Hestesprovogn

Wer die Stadt einmal per Kutsche erkunden möchte, kann dies mit der sogenannten Linie 1 tun. In aller Gemächlichkeit geht es dann auch durch Gassen, die man als Besucher vielleicht nicht durchqueren würde.
Mitte Juni–Mitte Aug. Mo–Fr 10.30–16 Uhr; Mitte Juni–Aug. Fr 9.30–12 Uhr; Mai–Aug. Sa 9.30–12 Uhr
Fahrtkosten 15 DKK

Svaneke Turistbureau

Storegade 24
3740 Svaneke
Tel. 56 49 63 50, Fax 56 49 70 10

Die Fischindustrie ist einer der wichtigsten Erwerbszweige auf der Insel

Ausflugsziele

Bølshavn ■ E 4

Bølshavn und das benachbarte Listed sind kleine, auch im Sommer noch verschlafen wirkende Fischerdörfer.

Sehenswertes

Hellig Kvinde
Zwischen Listed und Bølshavn stehen an der Straße zum Wasser hin zwei Bautasteine. Der größere wird »Heilige Frau« genannt. Angeblich haben früher Vorbeireisende diesen Stein sogar gegrüßt.

Essen und Trinken

Louisekroen
Eines der beliebtesten Restaurants Bornholms, geschmackvoll eingerichtet. Kenner behaupten, hier gebe es das beste Steak der Insel.
Tel. 56 49 62 03
Tgl. 12–14 und 17.30–21 Uhr
Obere Preisklasse

Østermarie ■ D/E 4

Der Binnenort besteht, grob gesehen, eigentlich nur aus der Durchgangsstraße von Svaneke nach Østerlars, von der wiederum nahe der Kirche die Straße nach Rønne und Richtung Almindingen abzweigt. Dennoch lohnt ein Halt in Østermarie. Selbst wer sonst keine Kirchen besucht, sollte das Kirchenareal betreten.

Sehenswertes

Louisenlund
Ca. 4 km östlich der Stadt zweigt eine Straße nach Neksø ab. An dieser Kreuzung finden Sie auch das Wäldchen Louisenlund, in dem rund 50 Bautasteine stehen. Man vermutet, daß sie zur Kennzeichnung einer Kultstätte dienten. 1851 schenkte König Frederik VII. das Wäldchen seiner späteren Gemahlin, der Gräfin Louise Danner, nach der es auch benannt wurde.

Ølene
Der Sage nach bekam ein Bornholmer Ehepaar einst drei Töchter. Man prophezeite ihnen jedoch, diese würden eines Tages von ihren drei

DER BESONDERE TIP

Clemann Keramik Unter den vielen Keramikern der Insel nimmt Kirsten Clemann eine hervorragende Stellung ein. Ihr ganz eigener Stil hat mit den Jahren mehr und mehr Anhänger gefunden, die ihre Gebrauchskeramik ebenso schätzen wie ihre rein dekorative Keramik und ihre Gemälde. Auch in manch einem Bornholmer Restaurant findet man ihre Werke. Almindingsvej 84, Åløsevej ■ D 4

SEHENSWERTE ORTE UND AUSFLUGSZIELE

Brüdern erschlagen. Verängstigt schickten die Eltern die Söhne ins heutige Polen. Viele Jahre später kamen die Söhne als Räuber auf die Insel und erschlugen u.a. die drei Frauen – ihre Schwestern! Ihre drei Gräber, als Varperne bekannt, stehen an der Straße von Østermarie Richtung Pedersker Platage. Nördlich davon liegt das Naturreservat Ølene, das aus Sumpfflächen und feuchten Niederungen besteht.

Østermarie Kirke

Hier wie andernorts auf der Insel wurden Ende des vorigen Jahrhunderts die alten Kirchen abgerissen, weil man größere brauchte. In Østermarie wurde der Abriß jedoch urplötzlich gestoppt.

Der Grund: man hatte stilistische Besonderheiten wie z.B. ein weiteres Gewölbe zwischen dem Tonnengewölbe des Turms und dem Dach entdeckt, wie man es sonst nur in Schweden, Frankreich und Irland vorfindet. Man stoppte das Abtragen der Kirche und errichtete neben ihr das neue Gebäude. Die heutige Kirche Østermaries wurde 1890/91 errichtet. Im Inneren fällt das Epitaph auf, das Bornholms Befreier Jens Kofoed samt Familie zeigt. Mo–Sa 7–17 Uhr

Årsdale ■ F 4

Ein kleiner Ort südlich von Svaneke. Als es in Svaneke vor vielen Jahren noch keine Heringsräucherei gab, pulsierte hier das Leben, auch im Hafen war mehr los. Heute ist alles etwas ruhiger geworden.

Sehenswertes

Mühle
Oberhalb des Ortes steht eine Mühle, die noch in Betrieb ist. Man kann nicht nur beim Mahlen zuschauen, sondern auch Mehl kaufen. Im Nebengebäude wird Schmuck aus Bornholmer Granit verkauft.
Tgl. 10–17 Uhr
Eintritt 5 DKK

Essen und Trinken

Årsdale Silderøgeri
Nicht soviel Trubel wie in Svaneke, aber der Fisch schmeckt hier bestimmt nicht schlechter. In der Straße Brugsebakken steht übrigens noch eine zweite Räucherei.
Gaden 2
Tel. 56 49 75 63

»Den lillle havfrue« am gleichnamigen Restaurant in Snogebæk, geschaffen von Kirsten Clemann

Schon allein wegen des Domes lohnt sich ein Besuch der einzigen Binnenstadt Bornholms, der selbsternannten Blumenstadt und Tor zum Wald Almindingen.

Åkirkeby
■ C/D 5

In den anderen Städten Bornholms gibt es zumeist gleich zwei Mittelpunkte, den Marktplatz und der Hafen. Der Hafen fehlt Åkirkeby, und somit nimmt es kaum wunder, daß diese Stadt eine ganz andere Stimmung vermittelt.

Sind in Städten wie Svaneke oder Neksø die Kirchen ein kaum auffälliger Bestandteil des Stadtbildes, so ist der Dom in Åkirkeby der Mittelpunkt des Ortes. Um ihn herum gruppieren sich Geschäfte, Bushaltestelle, Touristeninformation usw.

Zugleich ist Åkirkeby aber auch Verkehrsknotenpunkt zwischen Rønne, Neksø, Dueodde und Almindingen. Und symbolisiert den landschaftlichen Übergang von den flachen Sandstränden um Dueodde zu den hügeligen Wäldern in Almindingen.

Den fehlenden Hafen gab es einst übrigens doch. Bei Raghammer Odde, östlich von Boderne gelegen, besaß die Stadt lange Jahre ihren Hafen. Immerhin war Åkirkeby im Mittelalter Bornholms bedeutendste Stadt, saß hier doch die kirchliche Verwaltung, später auch der Ting.

Im 18. Jahrhundert versandete der Hafen, was zugleich den Niedergang der Stadt vollendete. Die Küstenstädte boomten durch den Fischhandel, während Åkirkeby keine eigenen Märkte entwickeln konnte.

Der Dom in Åkirkeby,
auch im Winter imposant

SEHENSWERTE ORTE UND AUSFLUGSZIELE

Hotels

Dams på Bakken
Einfaches, ländlich geprägtes Hotel
außerhalb der Stadt.
Haregade 14
Tel. 56 97 46 66
29 Zimmer
Mittlere Preisklasse

Hotel Rosengården
Gutbürgerliches Haus mit einfacher,
aber moderner Ausstattung.
Großzügige Gemeinschaftsräume,
sehr schöner Garten. An der Straße
von Snogebæk nach Rønne
(Abzweiger nach Boderne) gelegen,
nicht gerade leise.
Bodernevej 28
Tel. 56 97 49 50
23 Zimmer, 2 Apartments
Mittlere Preisklasse

Sehenswertes

Rosenkranskirke
Die erst 1932 erbaute Kirche gilt als
eine der schönsten katholischen
Kirchen Dänemarks. Trotz der domi-
nierenden Åkirke ist auch die
Rosenkranzkirche im Stadtbild nicht
zu übersehen.
Gregersgade 14

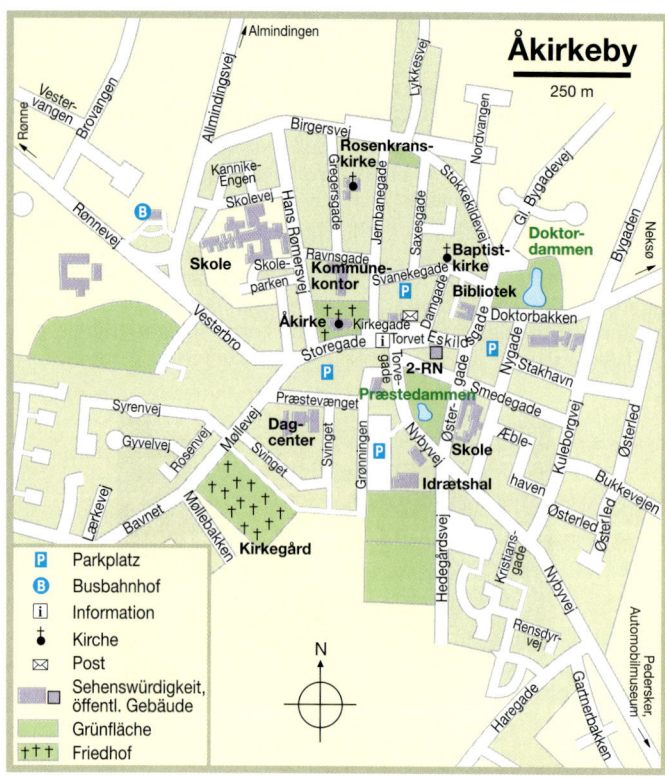

Åkirke

Der mächtige, 22 m hohe Dom entstand in der zweiten Hälfte des 12. Jh., wurde in den folgenden Jahrhunderten immer wieder umgebaut. Eine letzte Renovierung fand 1968 statt.

Absolutes Glanzstück im Innern ist der gotländische Taufstein des Meisters Sighraf aus dem 13. Jh. Er zeigt in elf Bildern das Leben Jesu. Ansonsten vermittelt der Innenraum einen Eindruck von vornehmer Eleganz. Die um 1600 herum entstandene Kanzel ist ebenso ein optischer Genuß wie der wohl um dieselbe Zeit gestaltete Altar. Im Gegensatz dazu steht der Aufstieg auf den Turm, der auf sehr unebenem Boden über gewaltige Gesteinsblöcke führt. Dennoch sollte man sich diesen Weg gönnen, wird einem doch die Mächtigkeit dieses Gebäudes nochmals verdeutlicht und wartet am Ende nicht zuletzt ein schöner Blick über Åkirkebys Dächer.

In der Vorhalle verdient im übrigen der Grabstein für Schweder Kettingk und seine zwei Frauen einen Blick. Kettingk war während der Herrschaft der Lübecker über Bornholm (1525–75) ab 1565 Hauptmann der Insel. Er war vermutlich nicht weniger ausbeuterisch als seine Vorgänger, andererseits verhinderte er aber durch eine gute Organisation der Küstenverteidigung, daß die Schweden Bornholm besetzen konnten. Dafür waren ihm die Bornholmer natürlich dankbar.
Juni–Sept. 9–17, Mai, Okt. 10–16 Uhr
Eintritt 4 DKK

Museum und Galerie

Bornholms Automobilmuseum

Wer sich für historische Motorräder und Autos interessiert, kommt um dieses Museum sicherlich nicht herum. Ca. 40 Exponate sind hier zusammengetragen worden. Ergänzt wird die Schau durch eine historische Autowerkstatt.
Grammegaardsvej 1
Mai–Okt. Mo–Sa 13–17 Uhr
Eintritt Erwachsene 10 DKK,
Kinder 5 DKK

2-RN

Interessante Galerie mit Wechselausstellungen, vorzugsweise von Künstlern aus dem Ostseeraum.
Eskildsgade 4
Mitte Juni–Mitte Sept.
Mo–Fr 13–18 Uhr

Einkaufen

Vibeke Barfoed

Wer all der Keramiker oder Glasbläser überdrüssig ist, findet bei Vibeke Barfoed etwas ganz Besonderes, nämlich »Eisenkunst«. Sie stellt Skulpturen aus Eisen her. Absolut beeindruckend.
Askeløkkevejen 9
Mo–Fr 11–18 Uhr

Bilenberg

Von all den Geschäften auf Bornholm, die Töpfe, Porzellan, Besteck etc. verkaufen, sicherlich eines der allerbesten. Breite Auswahl, freundlicher Service. Angeschlossen ist eine Spielwarenabteilung.
Torvet

Service

Sydbornholms Turistbureau
Torvet 2
3720 Åkirkeby
Tel. 56 97 45 29, Fax 56 97 58 90

Ausflugsziele

Almindingen ■ C 4/D 4

Hätte es Hans Rømer nicht gegeben, wir würden wohl heute kaum durch Dänemarks drittgrößtes Waldgebiet spazieren können. Denn um 1800 waren die Baumbestände hier in Almindingen fast verschwunden. Das Holz war für den Schiffsbau benutzt worden, die Bauern ließen anschließend ihr Vieh hier weiden, so daß nichts nachwachsen konnte. Hans Rømer, der damalige Oberförster, ließ das Areal einzäunen und untersagte das Weiden. Die Bauern haßten ihn dafür. Heute umfaßt Almindingen knapp 2 500 ha Wald, die Besucher sind Rømer dankbar.

Innerhalb des Areals finden sich Sehenswürdigkeiten wie etwa zwei Burgruinen, einer der Rüttelsteine oder auch der zweithöchste Punkt Dänemarks, der Rytterknægten (162 m) mit seinem Aussichtspunkt Kongemindet.

Landschaftlicher Höhepunkt ist vermutlich das Ekkotal (Echotal), das Teil eines längeren, vom sich zurückziehenden Eis in den weichen Diabas geschnittenen Spaltentals von über 12 km ist. Im Frühjahr, von Anfang Mai bis Ende Juni, bestimmen Nachtigallen, auf Bornholm »Fjælstaunijn« genannt, die Melodie des Tales. Maiglöckchen prägen das Bild um Pfingsten herum. Es wird ansonsten durch Klippen und zum Teil eher spärlichem Bewuchs charakterisiert.

Sehenswertes

Fregategen
Zu den eigenartigsten Sehenswürdigkeiten gehört die siebenstämmige Fichte, auch Fregatte genannt, die am Bastemose knappe 2 km östlich der Trabrennbahn steht.

Fregategen – ein Baum mit sieben Stämmen

Gamleborg
Von dieser Zufluchtsburg sind nur noch wenige Erdwälle und Mauern erkennbar. Man glaubt, daß hier die Bevölkerung Schutz vor Seeräubern gesucht hat. Man findet die Burgreste zwischen Christianshøjkro und dem Echotal (Ekkodalen).

Lilleborg
Die Lilleborg war das weltliche Gegenstück zu Hammershus, dem Sitz der geistlichen Macht auf Bornholm. Sie soll im 12. Jh. gebaut worden sein, wurde aber 1259 von Jaromir von Rügen zerstört. Auftraggeber war der Lunder Erzbischof. Die Reste der Burg liegen unmittelbar an der Straße Rønne–Svaneke.

Travbane

Im April geht es allmählich los, im Oktober ist Schluß, dazwischen liegen bewegte Momente voller Hoffen und Bangen. Denn dann kann man auf dieser wunderschönen Trabrennbahn beim Wetten Geld verlieren oder gewinnen. In großen finanziellen Dimensionen bewegt man sich da kaum, eine Wette auf Platz kostet 10 DKK, plaziert sich ein Favorit, gibt es vielleicht 13 DKK zurück, bei einem Außenseiter können es aber auch 50 DKK sein. Mindestens ebenso spannend wie die Rennen selbst ist das Drumherum, die nervösen Gesichter der Wetter, die Picknicktische der abgeklärten Zocker. Wechselnde Eintrittspreise

TOP TEN 9

Essen und Trinken

Christianshøjkroen
Typisches Ausflugslokal mitten im Wald, sehr beliebt. Stilvolle Atmosphäre, unbedingt empfehlenswert ist die Spezialität des Hauses, nämlich Wild, frisch nach Marktlage.
Segenvej 48
Tel. 56 97 40 13
Tgl. 11–22 Uhr
Obere Preisklasse

Boderne ■ C 6

Eine Stichstraße hinunter zum Meer, ein Hotel und der wunderbare Sandstrand, das ist Boderne, und vermutlich reicht das auch. Der Strand ist so hervorragend wie auf der ganzen Südhälfte der Insel.

Hotel

Strandhotel Boderne
Gutes Mittelklassehotel in toller Lage direkt am Strand.
Boderne 1
Tel. 56 97 49 33, Fax 56 97 49 00
17 Zimmer
Mittlere Preisklasse

Einkaufen

Butik Pia Stærmose
Bemerkenswert ist sicherlich die Boutique von Pia Stærmose, die hier hochwertige und nicht immer ganz billige Mode anbietet. Nobelmarken wie Red Green, Bitte Kai Rand, Lene Sand oder Gant prägen das Sortiment. Shopping bei Pia gehört für viele Stammgäste seit Jahren zum gerne absolvierten Pflichtprogramm.

Einlauf in die Zielgerade...

SEHENSWERTE ORTE UND AUSFLUGSZIELE

Pedersker ■ D 6

Ein einfaches, zerstreut liegendes Dorf ein paar Kilometer vom Strand entfernt, ein Kaufmann, ein Café, ein Hotel, die Kirche außerhalb, Pedersker ist einer der bescheidenen Bornholmer Binnenorte.

Von der südlich des Ortes verlaufenden Straße Rønne–Snogebæk führen Stichstraßen hinunter zu den Ferienhausarealen und zum Strand. Sehr beschaulich ist der kleine Hafen von Øster Sømarkshuset.

Hotel

Det gamle Mejeri
Einfaches Hotel in der ehemaligen Meierei. Wer auf Bornholm Golf erlernen möchte, ist hier richtig, denn der Inhaber ist Golflehrer.
Hovedgade 43
Tel. 56 97 81 31
12 Betten, 1 Apartment
Untere Preisklasse

Sehenswertes

Pederskirke
Romanische Kirche außerhalb des Ortes, die im 16. Jh. erweitert wurde. Auffällig ist der kleine Westturm.
Mai–Sept. Mo–Fr 7–19,
Sa 7–15 Uhr

Povlskirke
Der Pederskirke sehr ähnlich. Der große Unterschied besteht in dem fehlenden Turm. Im Inneren sollte man auf die Wandmalereien im Schiff achten, die Mitte des 16. Jh. entstanden sein sollen und 1957 freigelegt wurden.
April–Sept. 8–17 Uhr

Slusegårdmølle
Eine kleine Wassermühlenanlage am Schnittpunkt des 15. Längengrades mit dem 50. Breitengrad. Die Mühle entstand um 1800, die umstehenden Häuser 1880, als man die Forellenaufzucht professioneller zu betreiben begann.
Øster Sømarken

DER BESONDERE TIP

Cykelklemmen Als Restaurant hat es nicht so gut geklappt. Deshalb versucht man sich nur noch als Geschäft und handelt mit Kerzen, Tee, Decken etc. Besonderer Clou ist aber sicherlich die permanente und wahrlich große Weihnachtsausstellung in der ersten Etage. Frisch vom Strand, noch voller Sonnenmilch und das Haar noch feucht, steht man mitten im Hochsommer zwischen Weihnachtsmännern – ein eigenartiges Gefühl! Povlskervej/Skolevej ■ E 6

Essen und Trinken

Bakkarøgeriet
In dieser Räucherei kann man sehr schön auf der Terrasse oberhalb des Strandes sitzen, über das Meer blicken und dabei Heringe oder Lachs verspeisen. Nicht so berühmt wie die Räuchereien in Hasle oder Svaneke, aber bestimmt nicht schlechter. Sonntags gibt es mittags ein Fischbuffet samt Jazzmusik live für DKK 90.
Østre Sømarksvej 29
Tel. 56 97 71 20
Tgl. ab 11 Uhr

Havnecafeen
Gemütliches Gartencafé an der Durchgangsstraße, für den kleinen Hunger zwischendurch gibt es Sandwiches und andere kleine Gerichte.
Pedersker Hovedgade 41
Tgl. 9–24 Uhr
Tel. 56 97 80 17
Untere Preisklasse

Einkaufen

Karen Dam
Kleines Atelier, in dem selbstherge-stellte, geschmackvoll gestaltete Textilien verkauft werden.
Hegnedevejen 15
Mo–Fr 11–18 Uhr

Boutique Enghave
Patchwork in Form von Decken, Kis-senbezügen u.ä. Dazu noch etwas indonesisches Kunsthandwerk und heimische Töpferei, fertig ist die kleine Boutique.
Pederskervejen 59

Vævestalden
Kleine Boutique mit selbstgefertig-ten Textilien. Tolle Decken und Handtücher.
Vestre Sømarksvej 5
Mo–Sa 13–17 Uhr

Die Povlskirke besitzt keinen Turm

EINFÜHRUNG

Für Autotouren ist die Insel viel zu klein. Ihr Charme erschließt sich eigentlich auch nur per Rad oder zu Fuß. Denn nur dann hat man Ruhe für den zweiten Blick.

Als Radlerparadies hat sich Bornholm schon lange etabliert. Gut 200 Kilometer ausgewiesene Radwege wurden in den letzten Jahren angelegt. Dazu gehören Traumstrecken wie jene zwischen Jons Kapel und Hasle oder Klemensker und Rø. Immer schon ist Bornholm auch eine ideale Wanderregion gewesen. Schwerpunkte waren dabei die beiden Waldgebiete Almindingen und Paradisbakkerne, aber auch der Norden mit Hammerknuden, der Nordspitze, und den Wäldern südlich der Burg Hammershus.

Nun ist man in den letzten Jahren bemüht gewesen, weitere Wanderwege stärker in das Bewußtsein der Besucher zu rücken. So gibt es einen **Küstenwanderweg** rund um Bornholm. Er führt entlang der faszinierenden Nordostküste, wie etwa zwischen Helligdommen und Gudhjem. Aber auch entlang der Strände. Während diese Strandwege landschaftlich vermutlich weniger berauschend sind, können die wirklichen, ursprünglichen Küstenwanderwege begeistern.

Der erste Wandervorschlag in diesem Kapitel, der Weg um Hammerknuden, gehört zu den bekanntesten und beliebtesten Spaziergängen. Währenddessen kombiniert die zweite Wanderung, die durch Almindingen führt, verschiedene Wege, um zu allen Höhepunkten dieses Waldes zu gelangen. Beide Male ist Konzentration gefordert, um die gelben Wegmarkierungen nicht zu übersehen. Diese Gefahr ist bei den anschließenden Radwanderungen nicht gegeben, denn die Radwege sind wirklich hervorragend ausgeschildert.

Die erste Radtour, die in den Nordwesten führt, sollte man unbedingt bei schönem Wetter absolvieren, im Regen kommen die landschaftlichen Reize kaum zur Geltung. Immerhin passiert man zwei Rundkirchen und Hammershus. Auf dieser Tour ist auch mehr Muskelkraft gefordert als bei der zweiten, die durch den flachen Süden führt und von der man Teile sicherlich auch mit Kindern bewältigen kann. Die dritte Radtour ist da schon anspruchsvoller und in ihrer Kombination auch ungewöhnlicher als die ersten beiden Routen. Sie führt mitten durch das Binnenland von der West- an die Ostküste.

Alle in den Beschreibungen genannten Sehenswürdigkeiten etc. sind im Kapitel »Sehenswerte Orte und Ausflugsziele« ausführlich beschrieben.

Bornholm soll eine flache Insel sein?

Um die Nordspitze Bornholms

Festes Schuhzeug ist für diese Wanderung unbedingt notwendig. Ausgangspunkt ist der **Parkplatz am Hammerhavn**, nördlich von Hammershus gelegen. Vor Ihnen erstreckt sich bereits der mächtige Felsen, der Bornholm im Norden abschließt. Sie spazieren zunächst an seiner Westseite unmittelbar am Wasser aufwärts. Bis zu 68 Meter erhebt sich hier die von Heide geprägte Landschaft. Bei schönem Wetter können Sie nach Schweden hinüberschauen und den Schiffsverkehr zwischen, nach und aus Nordosteuropa beobachten.

Nach einer Weile gelangen Sie zu den Resten einer Kapelle. Es handelt sich um **Salomons Kapel**. Zwischen dem 13. und dem 16. Jahrhundert blühte der Heringshandel auf der Insel. Kaufleute aus den Hansestädten kamen ebenso hierher wie Schweden und Polen. Und so entstanden rund um die Insel kleine Siedlungen. **Kragkås Havn** war ein solcher Ort, in seiner Nähe wurde die Salomons Kapel erbaut. Am Ende dieser Blütezeit verschwanden gerade die Orte, die vom Land her sehr unzugänglich waren, so auch die Siedlung Kragkås Havn. Die Kapelle wurde 1648 niedergerissen. Was blieb waren Ruinen, die später restauriert wurden.

Weiter geht es zum Leuchtfeuer bei **Hammerodde**. Sie haben den Scheitelpunkt der Tour erreicht. Immer dicht am Wasser, spazieren Sie jetzt direkt auf Sandvig zu. Sie müssen jedoch der Ausschilderung zurück folgen (gelber Punkt) und lassen folglich den Campingplatz links liegen.

Zu Füßen der Salomons Kapel lag einst ein Hafen

Auf und ab geht es auf den **Hammersø** zu. Es ist Dänemarks einziger Bergsee. Jahrhundertelang stand er unter militärischer Aufsicht, wiederholt gab es Pläne, ihn für die Marine zu nutzen. Erst Anfang der 1970er wurde er befriedet. Sie bleiben an seiner Nordseite und umrunden noch den **Opalsø**. Dann führt Sie die Ausschilderung allmählich wieder hinunter zum Parkplatz von Hammerhavn.

Länge: 8 km
Dauer: 2 Stunden

Um die Nordspitze Bornholms

500 m

Østersøen

Talgkås

Hammerodde Fyr

Bavnet
41 m

Vrag-
vigen

Tingbakke
35 m

Salomons Kapel

Kragkåshavn

Klinten
48 m

Sand-
vigen

Ørnevig

Hammerknuden

Ørnebjerg
68 m

Hjortebjerg
65 m

Sandvig

62 m
Kælderbakke

82 m • Hammer Fyr

Gamle
Dam

Krystalsø

N

Langebjerg
76 m

Stejlebjerg

Opal-
sø

Hammersøvej

Hammersø

Spaziergang mit
Laufrichtung

Sandvig Sehenswerter Ort

Top Ten

Leuchtturm

Kirchenruine

Parkplatz

Grünfläche

Hammer-
havn

Sænevej

Feriecenter

Hasle,
Hammershus

Almindingens Höhepunkte

Almindingen wird von zahlreichen Wanderwegen durchzogen. Auch die Behörden haben Wandervorschläge ausgearbeitet und diese entsprechend markiert. Die hier vorgeschlagene Route versucht, die Höhepunkte des Waldgebietes miteinander zu verknüpfen. Dabei folgt sie nur zum Teil den markierten Wegen.

Startpunkt ist der **Rytterknægten**, mit 162 Metern die zweithöchste Erhebung Dänemarks. Vom Parkplatz aus folgen Sie dem Pfad in östlicher Richtung (Rågelundsvej, Ausschilderung Ekkodalen).

Dann stoßen Sie auf den Radweg. Ihm folgen Sie linker Hand, bis Sie nach einiger Zeit rechts ein kleines Schild zur **Gamleborg** weist. Eine Zufluchtsburg, in die die Bornholmer vor Seeräuber flüchteten. Viel ist von dieser Burg nicht mehr zu sehen. Halten Sie sich auf dem Gelände links. Am nördlichen Ende der Mauerreste führt der Weg leicht hinab.

Immer geradeaus, gehen Sie nun unmittelbar auf das Monument zu Ehren des Almindingen-Gründers Hans Rømer zu. An ihm vorbei und am Ende des Weges rechts.

Wer nun schon eine Pause braucht, kann diese bald im **Christianshøjkro** einlegen. Wer diese nicht benötigt, orientiert sich, sobald der Wanderpfad auf die Teerstraße stößt, weiterhin geradeaus. Es geht auf der Straße ein kleines Stück hinunter zur Landstraße. Hier ist natürlich Vorsicht angebracht. Sie gehen an der Straße entlang ein paar Meter auf das Moor zu, doch bevor die Leitplanke beginnt, geht es links auf einen schmalen Pfad.

Burgen und Rüttelsteine

Sie folgen ihm auch entlang der Westseite des **Åremyr**, so heißt das Moor. Nach einer Weile führt ein Weg links steil hinauf. Achtung, der Weg ist nicht durch einen gelben Punkt markiert! Oben angekommen, geht es rechts weiter.

Sie kommen zum Rokkesten, einem Rüttelstein. Die Eiszeit hinterließ auf ihrem Rückzug mehrerer solcher Gesteinsbrocken auf Bornholm. Man sieht sie auch in Paradisbakkerne und Rutsker Højlyng. Wer viel Kraft besitzt, kann diesen Stein ein kleines Stück »rütteln«. Versuchen Sie es!

Sie orientieren sich an den gelben Punkten, um vom **Rokkesten** wieder zurückzugehen. Sie folgen dem **Snurregade** genannten Weg bis fast zur Landstraße. An einer scheinbaren T-Kreuzung halten Sie sich geradeaus, so kommen Sie wieder hinunter zur Straße Svaneke – Rønne.

Hier ein kleines Stück links, über die Straße hinüber und die **Lilleborg** hinauf. Von ihr ist erkennbar mehr erhalten geblieben als von der Gamleborg, doch kein Vergleich mit Hammershus.

Nach dem Besuch der Lilleborg gehen Sie hinunter zum

See, dem **Borgesø**, schreiten über die Brücke und folgen den gelben Punkten. Es geht noch einmal steil hinauf, dann scharf rechts, und Sie erreichen die Teerstraße zum Rytterknægten.

Wer die Wanderung verlängern möchte, kann zu Beginn vom Rytterknægten südlich gehen (die Fortsetzung der Teerstraße) und folgt der Ausschilderung zum Ekkodalen. An dessen nördlichem Ende dann über Fuglesangsrenden zum erwähnten Radweg und zur Gamleborg.

Länge: 6 km
Dauer: 2 Stunden

Almindingens Höhepunkte

	Spaziergang mit Laufrichtung
	Top Ten
	Burgruine
	Denkmal
	Parkplatz
	Sehenswürdigkeit

500 m

ROUTEN UND TOUREN

Burg, Kirchen und Meer im Nordwesten

Diese wunderschöne Tagestour führt in den hügeligen Nordwesten der Insel. Hier und da kann man zum Schieben gezwungen sein. Andererseits gibt es bei schönem Wetter wohl keine reizvollere Tour auf der Insel.

Ausgangspunkt ist der **Marktplatz in Rønne**. Man verläßt ihn auf der Nørregade in nördlicher Richtung gen Hasle. Am Stadtrand zeigt dann ein Radwegeschild Richtung Nyker und Rø. Über sehr ebenes Terrain und jenseits der Landstraße erreichen Sie zunächst die Rundkirche in **Nyker**. Hier lohnt nicht nur ein Besuch der Kirche, sondern auch der der daneben plazierten Textilwerkstatt von Bente Hammer oder des Antikladens am Ortseingang.

Entlang der Landstraße kommen Sie dann nach **Klemensker**. Ein Abschnitt, der relativ ungeschützt liegt, rechnen Sie also mit einigem Gegenwind. Vor Klemensker wartet zudem ein mäßiger, aber langgezogener Anstieg auf Sie.

Falls Sie eine Rast einlegen wollen – Klemensker bietet einen Kaufladen von Brugsen. Ansonsten geradewegs durch den Ort durch und hinter der Tankstelle links auf den Radweg Richtung Rø.

Ein traumhafter Abschnitt beginnt. Sie radeln auf der ehemaligen Eisenbahnstrecke mitten durch eines der Spaltentäler, das das Eis vor tausenden von Jahren auf seinem Rückzug gen Norden hier gebildet hat.

TOPTEN 4

Abendlicht an der Westküste

Nach einer ganzen Weile zweigt dann links der Radweg Richtung Olsker ab. Sie folgen ihm. Kurze, kräftige Steigungen sind zu bewältigen. Achten Sie auf den Hinweis auf den Rokkesten, einen der mächtigen »Rüttelsteine«, ebenfalls eine Hinterlassenschaft der Eiszeit.

Es folgt ein dichtbewaldetes Gebiet. Am Ende geht es dann in einer mächtigen Abfahrt und einer ebensolchen Steigung (12%) zur **Olskirke**. Nach dem Besuch der Kirche durchqueren Sie den Ort auf der Hauptstraße Richtung Allinge und Sandvig. Am Ortsausgang geht es auf Höhe eines Antikladens wieder links auf den Radweg Richtung Hammershus.

Sie kommen schließlich an die Landstraße Rønne-Allinge. Hier ist beim Überqueren höchste Vorsicht geboten. Es geht geradewegs über die Straße zur Burg **Hammershus**. Da die Straße auf diesem letzten Abschnitt sehr eng und gleichzeitig vielbefahren ist, sollten Sie sehr diszipliniert radeln.

Hammershus ist der Scheitelpunkt Ihrer Route. Eine längere Pause haben Sie sich sicherlich verdient, die Imbißbude zu Füßen der Burg bietet die Möglichkeit zur Stärkung.

Für die Rückfahrt orientieren Sie sich zunächst wieder in Richtung der Landstraße. Doch noch vor deren Erreichen geht es rechts auf den Radweg Richtung Vang und Rønne. Leider müssen Sie auf diesem Abschnitt den Weg mit Autos teilen.

Vor Vang müssen Sie nochmals kräftig in die Pedale treten. Kein einfaches Stück Arbeit. Der Weg führt dann zu **Jons Kapel**. Wer mag, läßt das Rad am Parkplatz stehen und marschiert zur Kapelle des Mönchs. Aber denken Sie daran, daß sie nur über zahlreiche Treppenstufen zu erreichen ist!

Weiter geht's. Bald wartet ein Gefälle von 22% auf Sie. Mutproben sind hier fehl am Platze. Steigen Sie unbedingt ab! Denn wer hier die Kurve nicht kriegt, landet im Meer. Unten angekommen, wartet der vielleicht schönste Abschnitt auf Sie. Unmittelbar am rauschenden Meer radeln Sie durch die Dörfer **Teglkås** und **Helligpeder**. Kurz vor Hasle müssen Sie dann die vorletzte Steigung dieser Tour bewältigen. Sie radeln auf der Hauptstraße durch **Hasle** durch. Dann weist Sie das Schild in Richtung Jugendherberge. Entlang einer nicht so stark befahrenen Straße geht es Richtung Rønne. Eine letzte Steigung, durch den Wald hindurch, dann erreichen Sie die Landstraße und können in aller Ruhe nach Rønne hineinradeln.

Länge: 65 km
Dauer: Tagestour
Karte: → Klappe vorne

ROUTEN UND TOUREN

Durch den flachen Süden

Eine Tagestour, die von West nach Ost und wieder zurück führt. Sie verlassen **Rønne** entlang der Straße 38 Richtung **Åkirkeby**. Bald hinter dem Ortsausgang weist ein Schild links Richtung Nylars und Lobbæk. So gelangen Sie zur **Rundkirche in Nylars**. Nach deren Besuch folgen Sie dem Radweg nach Åkirkeby. Den Dom sollten Sie auf jeden Fall besuchen.

Von Åkirkeby folgen Sie dem Radweg in Richtung Neksø. Entlang ruhiger Nebenstraßen geht es weiter ostwärts. Den **Pederskervejen**, und damit den Radweg, verlassen Sie, indem Sie in den **Gadebyvejen** einbiegen. Sie fahren geradeaus bis hin zur Straße 38. Dort erkennen Sie auf der anderen Straßenseite die **Bodilskirke**, an deren Mauer der Sage nach der Hut des Teufels klebt. Einige Meter weiter Richtung Neksø weist links ein Schild zur Bautasteinsammlung **Gryet**.

Wen sowohl Kirche als auch Bautasteine nicht interessieren, der kann übrigens dem Radweg bis Neksø folgen. Ansonsten geht es entlang der Straße 38 nach **Neksø** hinein. Weiter geht es nun südlich nach **Snogebæk** und von dort auf den ausgeschilderten Radweg nach **Dueodde**. Wie vor Snogebæk, so fahren Sie auch jetzt noch ein Stück entlang einer Ferienhaussiedlung. Dann aber geht es hoch zur Landstraße. Dem Hinweis Richtung Dueodde und Leuchtturm sollten Sie nur folgen, wenn Sie tatsächlich auf den Turm wollen, um einen Überblick über Südbornholm zu erhalten. Ansonsten geht es zur historischen **Slusegårdmølle**, einer kleinen Wassermühle, und von hier nach **Pedersker**.

An der Pederskirke müssen Sie sich dann entscheiden. Der direkte Weg zurück geht jetzt westwärts nach Arnager und Rønne. Er ist allerdings nicht sonderlich reizvoll, sondern führt entlang einer vielbefahrenen Landstraße.

Daher empfiehlt es sich, an der Pederskirke dem Hinweis auf den Radweg Richtung Åkirkeby zu folgen. Sie stoßen so wieder auf den Radweg von Åkirkeby nach Neksø. Allerdings fahren Sie nur ein kleines Stück auf diesem Weg in Richtung Åkirkeby, dann geht es links (!) in den Kratgårdsvejen, rechts in den Rundløkkevejen, geradewegs über die Hauptstraße hinunter in den Bodernevej, dann rechts Ugleengevejen, rechts in Limensgaden, links in den Strøbyvej, am Kalbyvejen links und gleich rechts in den Bodelyngsvejen und nun immer geradeaus.

So kommen Sie in **Lobbæk** wieder auf die Straße 38, fahren aber geradeaus nach Lobbæk hinein und erreichen am nördlichen Ortsausgang den Radweg, dem Sie an der Nylarskirke vorbei nach Rønne hinein folgen.

Länge: 70 km
Dauer: Tagestour
Karte: → Klappe vorne

Startpunkt dieser recht anspruchsvollen Route ist **Rønne**. Sie führt zu einigen der reizvollsten Plätze der Insel, u.a. zu zwei Rundkirchen und zum Kunstmuseum. Sie verlassen die Stadt auf der Straße 158 Richtung Hasle. Noch im Stadtgebiet geht es rechts Richtung Nyker. Fernab der vielbefahrenen Straße können Sie in aller Gemütlichkeit zur **Nykirke** radeln.

Nach deren Besuch geht es an der Landstraße nach **Klemensker**. Nicht der schönste Abschnitt, dafür wartet aber hinter Klemensker einer der schönsten dänischen Radwege auf Sie. Entlang der alten Bahnstrecke radeln Sie an der **Rutsker Plantage** vorbei. An Golfplatz und Flugplatz vorbei erreichen Sie **Rø**.

Von hier weiter zur Ostküste. Sie kommen zur Straße Gudhjem-Allinge. Wer mag, folgt ihr ein kleines Stück Richtung Allinge. Am nächsten Parkplatz links können Sie Ihr Rad abstellen, um im **Døndalen** zum höchsten

Durch das anspruchsvolle Binnenland

Wasserfall Dänemarks zu gehen. Auf jeden Fall wird die Fahrt mit dem Besuch des **Bornholmer Kunstmuseums** an den Helligdomsklipperne fortgesetzt. Danach fahren Sie entlang der Straße 158 nach **Gudhjem**. Weiter geht es südlich nach Melsted und von dort bald rechts auf dem Radweg nach Østerlars. Dort wartet mit der **Østerlarskirke** die zweite Rundkirche der Fahrt auf Sie.

Es geht weiter Richtung Süden und hinein nach **Almindingen**. Dort erreichen Sie die Landstraße aus Østermarie. Sie orientieren sich rechts, radeln an der Trabrennbahn vorbei und wählen kurz darauf den Radweg in Richtung Vestermarie. Es geht durch das Spaltental **Ekkodalen**, dann wieder aus Almindingen hinaus und durch Vestermarie hindurch zurück nach Rønne.

Länge: 60 km
Dauer: Tagestour
Karte: → Klappe vorne

Die Radwege sind hervorragend ausgeschildert

WICHTIGE INFORMATIONEN

Auskunft

Dänisches Fremdenverkehrsamt
Postfach 10 13 29
20095 Hamburg
Tel. 0 40/33 07 03, Fax 33 70 83
Auch für Österreich und Schweiz
zuständig.

Bornholms Velkomstcenter
Ndr. Kystvej 3
Tel. 56 95 95 00
Juni–Mitte Sept. Mo–Do 7–22.30,
Fr–So 7–2.30 Uhr, Mitte Sept.–Mai
Mo–Fr 9–17, Sa 12–15 Uhr

Ausweise

Deutsche Urlauber benötigen nur einen Personalausweis, Österreicher
und Schweizer einen Reisepaß.
Die Ausweiskontrollen sind strenger
geworden, da die Zahl der illegalen
Einreiseversuche nach Dänemark
und somit auch Bornholm deutlich
zugenommen hat.

Autovermietung

Avis
Snellemark 1 Rønne
Tel. 56 95 22 08, Fax 56 95 82 08
Europcar
Nørregade 6
Rønne
Tel. 56 95 43 00
Fiat
Almindingsvej 15
Rønne
Tel. 56 95 30 01
Hertz
Sygehusvej 2
Rønne
Tel. 56 95 77 74

Bevölkerung

Zu der Zahl von 5,1 Mio. Dänen tragen die Bornholmer 50 000 Köpfe
bei. Von ihnen leben in Rønne
15 000, in Neksø 3 500, in Allinge
und Sandvig zusammen 2 000,
in Gudhjem 900, in Svaneke 1 200,
in Åkirkeby 2 000, in Hasle 1 400,
der Rest verteilt sich auf das Land.

Diplomatische Vertretungen

Die Schweiz und Österreich haben
keinen Konsul auf Bornholm, aber
Deutschland.

Direktor Erik Ipsen
Store Torv 12
Rønne
Tel. 56 95 22 11

Königlich Dänische Botschaft
Pfälzer Str. 14
53111 Bonn
Tel. 02 28/72 99 10, Fax 7 29 91 31

Königlich Dänische Botschaft
Thunstr. 95
3006 Bern
Tel. 0 31/3 52 50 11, Fax 3 51 23 95

**Königlich Dänisches General-
konsulat**
Fertselgasse 3/4
1090 Wien
Tel. 02 22/4 02 22 97

Feiertage	Fernsehen

Feiertage

1. Jan.
Gründonnerstag
Karfreitag
Ostermontag
Großer Bettag vierter Freitag nach Ostern
1. Mai
Pfingstmontag
Christi Himmelfahrt (sechs Wochen nach Pfingsten)
5. Juni Verfassungstag
25./26. Dez.
An diesen Tagen bleiben die Geschäfte geschlossen (am 1. Mai und am 5. Juni ab 12 Uhr).

Fernsehen

Die Dänen haben zwei landesweite Programme, nämlich das werbefreie DR (Danmarks Radio) und das reklamefinanzierte TV2. In der Gunst der Zuschauer liegt TV2 deutlich vorn, da dort eher Sport und Spielfilme gezeigt werden, während DR seinem Kulturauftrag nachkommt. Ausländische Spielfilme werden in Dänemark übrigens nicht synchronisiert, sondern im Original mit Untertiteln gezeigt. Abends gibt es auf TV2 auch ein halbstündiges Regionalmagazin über Bornholm. Zunehmender Beliebtheit erfreut sich auch TV3, das allerdings erst von der Hälfte der Dänen empfangen werden kann. Außerdem sind über Antenne noch die schwedischen Programme zu bekommen. Da sich aber auch auf Bornholm Satellitenschüsseln großer Beliebtheit erfreuen, sind deutsche und englischsprachige Sender in vielen Hotels und Ferienhäusern zu empfangen.

Arbeitspause auf Christiansø

WICHTIGE INFORMATIONEN

FKK

Beschränkungen, wo man Freikörperkultur praktizieren darf und wo nicht, gibt es nicht. Jeder muß selbst entscheiden, was er seiner Umgebung zumutet. Daß man sich wieder ankleidet, sobald man den Strand verläßt, dürfte selbstverständlich sein.

Geld

Eine Krone ist in 100 Øre unterteilt. Münzen gibt es zu 25 und 50 Øre sowie 1, 2, 5, 10 und 20 Kronen (DKK). Scheine als 50, 100, 500 und 1 000 Kronen. Leicht zu verwechseln sind jeweils die Øre-Münzen, die 1- und 2-Kronenstücke und die 10- und 20 Kronenmünzen, die nur geringfügig in der Größe differieren. Beiträge zwischen einer und 24 Øre werden auf- bzw. abgerundet. Am günstigsten ist der Umtausch per Scheck, beim Bargeldtausch wird eine Gebühr von 20–50 DKK abgezogen. An Geldautomaten können Sie Bargeld per Kreditkarte oder Euroscheckkarte abheben.

Kreditkarten, insbesondere Eurocard und Visa, werden fast durchgehend akzeptiert.

Im Winter 1994/95 lag der **Wechselkurs** bei 25 DM für 100 DKK. »Bornholmer Kronen« gibt es nicht, auch wenn Einheimische dieses immer wieder schelmischerweise behaupten.

Banken haben Mo–Mi, Fr 9–16 Uhr geöffnet, Do 9–18 Uhr.

Kleidung

Norddeutsch sollte Ihre Kleidungszusammenstellung sein, Sie sollten die Badehose dabeihaben, um aber auch sofort das Regenzeug greifen zu können. Mitunter kann es auch recht stürmisch werden. Für lauschige Abende auf der Sommerhausterrasse oder vor dem Zelt sollten Sie unbedingt einen warmen Pullover dabeihaben.

Kleine Wechselkurs-Umrechnungshilfe

DKK	DM	sFr	ÖS
1	0,25	0,21	1,79
5	1,27	1,05	8,94
10	2,54	2,11	17,88
20	5,08	4,22	35,66
30	7,63	6,33	53,64
50	12,72	10,55	89,42
100	25,44	21,11	178,84
250	63,60	52,77	447,10
500	127,20	105,54	894,20
750	190,80	158,36	1341,30
1000	254,40	211,15	1788,40

Stand: November 1994

Medizinische Versorgung

Ärzte gibt es in allen größeren Städten, gegebenenfalls fragen Sie in den Touristenbüros oder schlagen im Telefonbuch unter **Læger** (Ärzte) bzw. **Tandlæger** (Zahnarzt) nach. Für Notfälle außerhalb der normalen Sprechzeiten können Sie sich unter der Nummer 56 95 50 54 an den Notdienst wenden. Das einzige Krankenhaus der Insel steht in Rønne.
Centralsygehus
Sygehusvej 9
Rønne
Tel. 56 95 11 65

Notfall

Alarmzentrale
112 (bei Unfall oder Brand)
Ansonsten kann man sich auch Tag und Nacht wenden an
Falck's Rettungsdienst
Tel. 56 95 18 08

Öffnungszeiten

Die üblichen Öffnungszeiten der Geschäfte sind Mo–Do 9–17.30 Uhr, Fr 9–18, Sa 9–12 Uhr, gleichwohl können dies nur Richtwerte sein. Viele Läden leben vom Tourismus und erweitern deshalb in den Sommermonaten ihre Öffnungszeiten, vielerorts ist am Wochenende ebenfalls geöffnet.

Auch Restaurants geben lieber nur die Öffnungszeit an, nicht aber den Feierabend. Denn auch sie müssen in knapp vier Monaten genug für den Rest des Jahres verdienen. Und wer will da schon um 22 Uhr seine Gäste auf die Straße komplimentieren.

Post

Briefe und Postkarten ins Ausland kosten derzeit 3,75 DKK. Die Postämter haben in der Regel Mo–Fr 9.30–17 Uhr geöffnet, Sa 9.30–12 Uhr.

Selbst Plastikkisten können auf Bornholm malerisch wirken

Wichtige Informationen

Der kleine Rønner Leuchtturm wurde 1880 errichtet

Reisewetter

Die Saison beginnt Mitte Mai und endet Ende September. Viele öffentliche Einrichtungen, aber auch Geschäfte orientieren sich an dieser Zeitspanne. Mai und Juni sind die sonnigsten wärmere Monate, nur hat sich dann leider die Ostsee noch nicht so erwärmt, daß man dort baden kann. Außer man ist sehr abgehärtet.

Im Mai kann es auch noch sehr kühl sein, Juli und August sind deutlich wärmere Monate. Immerhin erreicht der September noch die Juni-Werte. Vorteil des Septembers ist zudem, daß dann die dänischen Industrieferien längst beendet sind, mehr Ruhe auf der Insel einkehrt.

Zwar haben auch die Wintermonate ihren Reiz, dennoch finden im Dezember und Januar leider nur wenige den Weg nach Bornholm.

Rundflüge

Klippefly
Ein ganz besonderes Abenteuer ist ein Rundflug über Bornholm. Von dem kleinen Flughafen in Rø oder dem großen in Rønne kann man sich zu festen Touren aufmachen. Die Werbung verspricht zwar Flüge schon ab 49 DKK, doch dafür bekommen Sie nur einen Platzflug. Kurze Flüge kosten ab 100 DKK, wenn Sie wirklich alle Sehenswürdigkeiten der Insel sehen wollen, müssen Sie ca. 375 DKK ausgeben. Tel. 56 95 35 73 (Büro Rønne) oder 56 48 42 01 (Büro Rø).

Sprache

Die Fremdsprachenkenntnisse der Dänen sind hervorragend. Ein Grund mag sein, daß fremdsprachige Spielfilme nicht synchronisiert werden. Die Mehrzahl der Bornholmer spricht bemerkenswert gut

Die genauen Klimadaten von **Sandvig, Bornholm:**

	Durchschnittliche Temperaturen in °C		Sonnenstunden pro Tag	Regentage	Wassertemperatur in °C
	Tag	Nacht			
Januar	2,3	-1,3	1,2	11	3
Februar	2,1	-2,0	2,0	9	2
März	3,7	-0,9	4,0	7	3
April	8,3	2,5	6,1	7	4
Mai	12,8	6,2	9,0	7	7
Juni	17,6	11,2	9,5	7	12
Juli	20,3	14,5	8,3	8	16
August	19,7	14,7	7,1	8	17
September	16,7	11,9	6,1	9	15
Oktober	11,9	7,7	3,2	10	12
November	7,5	3,9	1,2	11	8
Dezember	4,5	1,2	0,9	11	6

Quelle: Deutscher Wetterdienst, Offenbach

WICHTIGE INFORMATIONEN

Damit nicht die falsche Zeitung
eingeworfen wird

Mittlerweile verliert das Bornholmsk an Bedeutung, Schule und Medien lassen den Einfluß des Hochdänischen bei den Jugendlichen wachsen.

Telefon

Kartentelefone sind mittlerweile ebenso üblich wie Münztelefone. Telefonkarten gibt es für 20, 50 und 100 DKK. Man erhält sie beim Zeitungshändler ebenso wie bei der Post.

Vorwahlen
DK → D 00 49
DK → A 00 43
DK → CH 00 41
D, A, CH → DK 00 45

Tiere

Für das Einführen von Hund oder Katze nach Bornholm müssen Sie eine Tollwutimpfung vorweisen, die in den letzten ein bis 12 Monaten stattgefunden hat.

Falls Sie die Anreise über Schweden wählen, müssen Sie im Besitz einer Fahrkarte für die nächstmögliche Weiterfahrt sein, außerdem muß das Tier im Auto bleiben.

Zeitungen

Auf Bornholm gab es fast ein Jahrhundert lang zwei Zeitungen, nämlich die bäuerlich-liberale **Bornholms Tidende** mit ca. 11 500 Exemplaren und die sozialdemokratische **Bornholmeren** mit ca. 6 500 Exemplaren täglich. Beide Zeitungen erschienen erst mittags und dienten sozusagen als Zweitzeitung. Beide Zeitungen verstanden sich als reine Inselblätter mit absoluter Priorität auf der Lokalberichterstattung, entsprechend gering war der Anteil nationaler und internationaler Politik.

Deutsch, in den Sommermonaten sind viele Schilder und z.B. Speisekarten auch in deutscher Sprache verfaßt. Seien Sie aber trotzdem vorsichtig, und brüskieren Sie nicht Ihren dänischen Gesprächspartner mit der Erwartung, er hätte Deutsch zu sprechen.

Statt dessen macht es einen guten Eindruck, wenn Sie etwas Dänisch sprechen können. Das Problem dürfte auf Bornholm nur sein, daß man dort kein Hochdänisch spricht, wie Sie es vielleicht auf der Volkshochschule gelernt haben, sondern der schwedische Einfluß dazu geführt hat, daß sich das Bornholmsk als eigenständiger Dialekt, der irgendwo zwischen dem Schwedischen und dem Dänischen angesiedelt ist, entwickeln konnte. Man spricht auch vom Ostdänischen. Innerhalb dieses Dialektes gab es auf Bornholm auch wieder Differenzierungen.

Überraschend stellte die Gewerkschaft (LO) Ende Oktober 1994 ihre Millionen-Subventionen für den **Bornholmeren** ein, um ihre ebenfalls krisengeschüttelte landesweite Tageszeitung »Det fri Aktuelt« zu stützen. Somit ist den Bornholmern nur noch eine einheimische Tageszeitung verblieben.

Erstzeitungen sind, wie im restlichen Dänemark auch, entweder die beiden Boulevardblätter **Ekstra Bladet** und **B.T.** oder die seriöseren **Politiken** (linksliberal) und **Berlinske Tidende** (konservativ). Deutschsprachige Zeitungen sind das ganze Jahr über erhältlich, zumeist sogar am selben Tag. Sie bekommen die deutsche Tagespresse ebenso wie zahlreiche Illustrierte. Eine ausgezeichnete Auswahl finden Sie z. B. bei Vin & Tobak in der Snellemark (Rønne) oder bei Torvets Kiosk in Neksø, aber auch an zahlreichen anderen Orten.

Kostenlos sind die Zeitungen **Denne uges/Diese Woche Bornholm**, **Rytterknægten** und **Bornholmer Turisten/ Bornholmer Posten**, die neben zahlreichen Anzeigen und kleinen Artikeln über das Geschehen auf der Insel auch aktuelle Veranstaltungen listen.

Zoll

Trotz der offenen Grenzen innerhalb der EU gibt es für bereits verzollte Waren in Richtung Dänemark Beschränkungen. Deutsche dürfen 1,5 l Spirituosen und 300 Zigaretten einführen, Schweizer und Österreicher nur 1 l und 200 Zigaretten. Für andere Waren muß für die Behörden erkennbar sein, daß diese, z. B. Bier und Kaffee, für den persönlichen Bedarf bestimmt sind und mit ihnen nicht gehandelt wird. Wer über Schweden anreist, muß sich auf strenge Kontrollen einstellen.

Bei Hammershus: links die Kamelköpfe, rechts die Löwenköpfe

WICHTIGE INFORMATIONEN

10 000 v. Chr.
Eiszeit; Bornholm ist noch mit Polen verbunden. Die Bewohner ernähren sich als Jäger und Fischer.

7000 v. Chr.
Das Eis schmilzt, Bornholm wird zur Insel.

4000 v. Chr.
Die bäuerliche Lebensform setzt sich allmählich auf Bornholm durch.

Um 500 v. Chr.
Viehhaltung wird der dominierende Erwerbszweig, Bodenwirtschaft wird vernachlässigt.

789–1066
Wikingerzeit. Runensteine dokumentieren diese Zeit noch heute.

890
Erste Erwähnung Bornholms beim englischen Reisenden Wulfstan, er bezeichnet die Insel als Burgendaland.

1255
Auf Anordnung des Lunder Erzbischofs Jacob Erlandsen wird die Burg Hammershus errichtet. Vier Jahre später läßt er das weltliche Pendant, die Lilleborg in Almindingen, durch Jaromir von Rügen vernichten.

13. Jahrhundert
Der Fischhandel wird zum prägenden Erwerbszweig. Um die Häfen bilden sich Gemeinden, Kapellen werden errichtet.

1521
Schweden, Danziger und Lübecker plündern die Insel.

1525
Lübeck erhält Bornholm vom dänischen König Frederik I. für 50 Jahre. Der Lübecker Statthalter Schweder Kettingk läßt die Insel befestigen und Hammershus restaurieren.

1536
Reformation.

1618 und 1645
Schwere Pestepedemien mit 40% Bevölkerungsverlust.

1658
Dänemark verliert seine Provinzen östlich des Øresunds, nämlich Bornholm, Bohuslen, Halland, Blekinge und Skåne, an Schweden. Auf Bornholm kommt es jedoch unter der Führung von Jens Kofoed, Peder Olsen und Povl Ancher zum Aufstand. Die Schweden verlassen die Insel, die Bornholmer geben dem dänischen König ihre Insel zurück. Er muß versprechen, daß Bornholm immer dänisch bleibt. Zugleich erhalten die Bornholmer steuerliche Vergünstigungen.

1660
Leonora Christine, Tochter des dänischen Königs Christian IV., und ihr Mann Corfitz Ulfeldt werden auf Hammershus eingesperrt. Ihnen wird Landesverrat zugunsten der Schweden vorgeworfen. Ein Fluchtversuch scheitert 1661.

1675–79
Schonischer Krieg. Schweden versucht vergeblich, Bornholm zu erobern.

1684
Die Erbseninseln werden befestigt.

1700–21
Großer Nordischer Krieg um die Ostseeherrschaft.

1808
Dänemark nimmt während der Napoleonischen Kriege an der Seite Frankreichs an der Kontinentalsperre teil. Die Engländer beschießen Christiansø während des Engländerkrieges stundenlang, nehmen die Insel jedoch nicht ein.

1848
Einführung der konstitutionellen Monarchie.

1866
Auf Bornholm erscheint die erste Zeitung, »Bornholms Tidende«.

1900
Eröffnung der Eisenbahnstrecke Rønne – Neksø.

1902
Als zweite Zeitung erscheint »Bornholms Social-Demokrat«.

1915
Allgemeines und gleiches Wahlrecht sowie Frauenwahlrecht.

10. April 1940
Das Deutsche Reich besetzt Bornholm, einen Tag zuvor war bereits Dänemark okkupiert worden.

August 1943
Eine in Peenemünde abgefeuerte V1-Rakete landet im Süden Bornholms. Bornholmer fotografieren das geheime Objekt und übermitteln die Unterlagen dem britischen Geheimdienst.

Mai 1945
Die Deutschen kapitulieren in Dänemark am 5. Mai, der deutsche Kommandant auf Bornholm will die Insel allerdings nur den Engländern überlassen, nicht den Sowjets. Diese bombadieren deshalb Rønne und Neksø am 7. und 8. Mai.

1946
Die letzten sowjetischen Soldaten verlassen am 5. April die Insel.

1968
Die Eisenbahnverbindungen auf Bornholm werden eingestellt.

1972
Königin Margarethe II. folgt ihrem Vater Frederik IX. auf den Thron.

1986
In Gudhjem werden Szenen für den später preisgekrönten Film »Pelle, der Eroberer« gedreht. Die Vorlage stammt von Martin Andersen Nexø, die Regie führt Bille August.

1990
Die Heringsräucherei in Hasle nimmt den Betrieb wieder auf.

1992
Die Geldinsitute Bornholmerbanken und Hasle Bank werden von der Sparkasse Bikuben übernommen.

1993
Königin Margarethe II. weiht das neue Kunstmuseum ein. In einer zweiten Abstimmung votiert eine knappe Mehrheit der Dänen für die Annahme der Maastrichter EU-Verträge.

1994
Schlepper setzen mehrfach tamilische Flüchtlinge auf Bornholm ab. Man bringt sie nach Kopenhagen. Am 25. Oktober stellt die Gewerkschaft (LO) überraschend die von ihr subventionierte Tageszeitung »Bornholmeren« ein.

ORTS- UND SACHREGISTER

WICHTIGE INFORMATIONEN

An unsere Leserinnen und Leser:

Wir freuen uns, Ihre Meinung zu diesem Reiseführer zu erfahren. Bitte schreiben Sie uns, wenn Sie Berichtigungen und Ergänzungsvorschläge haben oder wenn Ihnen etwas besonders gut gefällt:

Gräfe und Unzer Verlag
Reiseredaktion
Stichwort: MERIAN live!
Postfach 40 07 09
Isabellastraße 32
80707 München

Lektorat: Christof Klocker
Bildredaktion: Jan Scherping
Kartenredaktion:
Reinhard Piontkowski

Gestaltung: Ludwig Kaiser
Umschlagfoto: Jan Scherping/
Østerlarskirke
Karten: Kartographie Huber
Produktion: Helmut Giersberg
Satz: Hubert Feldschmied
Andreas Grassinger
Druck und Bindung: Appl Wemding
ISBN 3 – 7742 – 0298 – 2

Fotos:
N. Bork 2, 5, 11, 22, 57, 59, 76/77, 83, 90, 96, 103, 106
U. Haafke 4, 6, 9, 18, 26, 29, 30, 32, 34, 36, 37, 41, 45, 47, 50, 52, 53, 54, 55, 60, 63, 65, 70, 72, 80, 82, 84, 88/89, 93, 94, 97, 101, 105, 110, 113, 115, 117, 120, 121
H. Klüche 38
J. Scherping 12, 42, 74, 118
D. Schröder 23, 46, 61, 68, 100

Dieses Buch wurde auf chlorfreiem Papier gedruckt

1. Auflage 1995
© 1995 Gräfe und Unzer Verlag GmbH, München

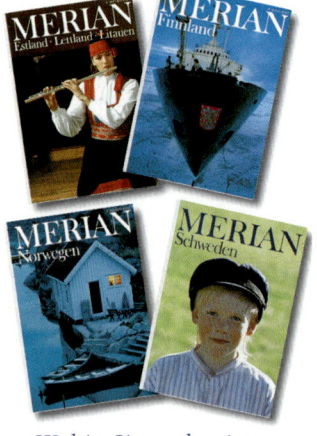